LE DIFFÉREND ENTRE CÉSAR ET LE SÉNAT
— (59-49 AV. J.-C.)

Paul GUIRAUD
ancien élève de l'École Normale Supérieure,
agrégé d'histoire

Thèse présentée à la Faculté des lettres de Paris

CHAPITRE PREMIER. — FORMATION DU TRIUMVIRAT, LOI VATINIA.

Quand César revint d'Espagne, en 60, avec le dessein de briguer le consulat[1], Pompée et Crassus étaient les deux principaux personnages de Rome[2]. Ils possédaient l'un et l'autre d'immenses richesses[3] ; leur clientèle était très nombreuse, et beaucoup de villes, en Italie et au dehors, les reconnaissaient pour patrons[4]. Ils avaient exercé de grands commandements, et leur gloire militaire, sans être égale, attirait sur eux tous les regards[5]. La majorité du sénat, il est vrai, leur était hostile[6] ; mais cette hostilité même leur assurait l'appui des chevaliers que les fautes de Caton et de ses amis avaient récemment détachés du parti sénatorial[7] ; les soldats qui avaient servi sous leurs ordres leur étaient dévoués ; et la plèbe à Rome s'inclinait toujours devant ceux dont elle sentait la force. Comme les comices électoraux dépendaient d'eux[8], César avait besoin de leur protection pour arriver au consulat. Il ne faut pas croire, en effet, qu'il eût déjà la puissance que quelques historiens lui ont attribuée ; les contemporains étaient loin de le placer au même niveau que Crassus et Pompée. On vantait sa noble naissance, sa générosité[9], son éloquence ; on le savait ambitieux, hardi, peu scrupuleux dans le choix des moyens peu soucieux de la légalité[10], capable de tout oser et de tout entreprendre ; on lui soupçonnait les qualités d'un chef de parti ; on craignait qu'il ne se portât l'héritier des Gracques. Mais les talents militaires et politiques qui ont fait de lui un grand général et un grand homme d'Etat n'avaient pas encore eu l'occasion de se montrer[11]. Il avait rempli successivement, et jamais avant l'âge légal, les différentes fonctions qui

---

1 César avait administré l'Espagne ultérieure comme propréteur (Suétone, 18). Il revint à Rome dans le mois de juin 60 (Cie., *Ad Att.*, II, 1, 9).

2 Dans ses lettres à Atticus, Cicéron se plaint beaucoup de l'état de la république (voir surtout, I, 18, 3. Cf. I, 17). Son langage indique à mots couverts que tout le mal vient de la grande puissance de Crassus et de Pompée.

3 Plutarque, *Crassus*, 2 ; Cie., *De off.*, I, 8, 25. Cf. Mommsen, *Hist. rom.* (trad. Alexandre), VII, 136 et 140, VIII, 127.

4 Appien, *De b. c.*, II, 4 ; Valère Maxime, III, 6. *Bronzes d'Osuna* (édit. Giraud), 130. Album de Canusium dans Mommsen, *I. N.*, 625. Nous avons la preuve que Pompée fut patron d'Auximum (*C. I. L.*, t. I, 615) et peut-être de Clusium (*ibid.*, 616) ; César fut patron de Bovianum (*ibid.*, 620).

5 Pompée avait été chargé successivement de la guerre contre Sertorius, de la guerre des pirates et de la guerre d'Asie. Sur la loi Gabinia de 67, voir Plut., 25 et 26 ; Dion Cassius, 36, 6. Sur la loi Manilia de 66, voir Plut., 30. Crassus avait commandé les troupes envoyées contre Spartacus (Plut., *Crassus*, 10).

6 Cie., *Ad Att.* I, 14 ; I, 17, 9 ; I, 18, 4 ; *Pro Murena*, 14 ; App., *De b. c.*, II, 9 ; Dion, 37, 49-51 ; Plut., *Pompée*, 44, 46.

7 Belot, *Hist. des chevaliers romains*, II, 308-312.

8 Surtout de Pompée. En 62, avant qu'il fût arrivé à Rome, son influence suffit pour faire nommer Pison consul (Plut., *Pompée*, 44) En 61, Pompée fit encore élire A. Gabinius (Voir Cie., *Ad Att.*, I, 16 12 ; I, 18, 3) : *Consul est impositus nobis*.

9 Suét., 10 ; Plut., 5 ; Pline, *hist. nat.*, 33, 3.

10 Suét., 8, 9, 18 ; Plut., 6 ; Dion, 37, 54.

11 En Espagne, il remporta quelques succès qui lui valurent le titre d'imperator et la promesse du triomphe (App., *De b. c.*, II, 8) ; mais ils ne furent pas aussi brillants qu'on l'a parfois supposé (*Hist. de César*, I, 358-360 ; Mommsen, *H. R.*, VII, 7).

conduisaient au consulat1 , et dans aucune d'elles il n'avait rien fait qui le mit hors de pair. Il n'était pas, en 60, un candidat ordinaire ; mais s'il se distinguait des autres, c'était plut6t par les défiances qu'inspiraient ses projets que par l'influence dont il disposait. La plèbe, qui voulait un maître, avait peut-être de vives sympathies pour ce démagogue qui déjà, à plusieurs reprises, avait dévoilé ses hautes visées2 , mais sa popularité n'aurait pas suffi pour garantir son succès dans les élections ; car à cette époque les élections n'étaient plus l'expression des sentiments populaires ; elles étaient, le plus souvent, l'œuvre de la corruption et de la violence. L'habitude d'acheter les suffrages était tellement passée dans les mœurs qu'il y avait dans la langue des mots spéciaux pour désigner les personnes chargées de ce soin3 . Quelquefois on enrôlait des gladiateurs, des esclaves fugitifs, des affranchis que l'on réunissait en décuries et en centuries, et qui devaient au bon moment envahir le champ de Mars, renverser les urnes de scrutin et empêcher le parti contraire de voter ; dans ces émeutes il n'était pas rare que le sang coulât. Chaque grand personnage avait à sa solde des agents de l'une et l'autre espèce. Il arrivait même fréquemment qu'il se formât des coteries, permanentes ou temporaires, dont l'objet était de défendre en toute occasion, devant les tribunaux comme dans les comices, les intérêts de ceux qui en faisaient partie. L'origine en était très ancienne ; mais jamais elles ne furent plus actives qu'au dernier siècle de la république. Il y en avait de démocratiques et il y en avait aussi d'aristocratiques. Elles poursuivaient toutes un but pareil ; la composition seule variait. Au-dessous d'elles se trouvaient d'autres sociétés qui se mettaient à leur service et que l'on recrutait parmi les gens du peuple ; celles-ci étaient surtout propres à favoriser la propagande électorale et à faire, en cas de besoin, un coup de main. Le principal souci de tout ambitieux était donc de grouper autour de lui le plus grand nombre d'associations, tant du premier que du second ordre. Il pouvait, par ce moyen, dominer l'état tout entier4 .

César, à son retour, savait quelles étaient les conditions nécessaires pour être élu. Il rapportait d'Espagne des sommes considérables d'argent5 ; il avait beaucoup d'amis, de clients, de créatures ; il était résolu à tout. Mais il avait peu de temps devant lui6 ; les *optimates* combattaient vivement sa candidature ; enfin rien n'était possible sans l'aide ou tout au moins la neutralité de Pompée et de Crassus. Or le malheur voulait que ceux-ci fussent alors brouillés. Rivaux dés l'année 71, ils s'étaient laissés réconcilier au moment de commencer la guerre

---

1 César fut questeur en 68, édile curule en 65, préteur en 62 et consul en 59. Les *leges annales* en vigueur de son temps (*lex Villia* de 180, *lex Cornelia* de 81) ne nous sont connues que très imparfaitement. V. à ce sujet Mommsen, *Röm. Staatsr.*, 2e édit., I, 544-553 ; Willems, *Le droit public romain*, 3e édit., 230-232 ; Humbert dans le Dict. des antiq. de Daremberg et Saglio, au mot *Annales leges*. Même la date de la naissance de César est controversée ; Mommsen la place en 102 (*H. R.*, VI, 142, note 1) ; l'auteur de l'*Hist. de César* en 100 (I, 251, note 1). Il est permis de supposer que César exerça *suo anno* toutes les magistratures dont il fut investi. Une première preuve, c'est le silence des auteurs à cet égard. En second lieu, nous savons que, sur un point essentiel, il respecta la loi *Villia*, qui exigeait entre la gestion de deux magistratures patriciennes l'intervalle de deux ans au moins. Il dut donc en observer aussi les autres clauses.
2 Suét., 11 ; Mommsen, *H. R.*, VI, 348.
3 *Sequester* et *divisores*.
4 Sur tous ces points, consulter Cie., *Pro Sestio*, et Mommsen, *De collegiis et sodaliciis Romanorum*, 32-60.
5 Suét., 54 ; Plut., 12.
6 Il était revenu en juin, et les comices avaient lieu d'ordinaire en juillet.

civile, et en 70 ils avaient été consuls ensemble. Mais après la guerre des pirates et surtout après l'adoption de la loi Manilia, Crassus s'était de nouveau éloigné de Pompée. Pour lui nuire, il avait trempé dans la conjuration de Catilina[1], et récemment il avait appuyé toutes les mesures de défiance que le Sénat avait prises contre lui[2]. L'embarras de César était grand, car, s'il s'attachait à l'un des deux adversaires, il avait l'autre pour ennemi. Il imagina donc d'opérer entre eux un rapprochement et il y réussit. Il leur représenta qu'au lieu de se consumer dans de vaines querelles dont le sénat seul profitait, ils feraient mieux de former avec lui une coalition qui les rendrait maîtres de l'Etat ; la république était assez vaste pour suffire à l'ambition de trois hommes, et il était plus sage de se partager le pouvoir à l'amiable que de continuer des disputes stériles. Le pacte fut conclu et ce fut là le premier triumvirat. On stipula que César aurait le consulat en 59, puis, à l'expiration de sa charge, un gouvernement provincial ; on promit à Pompée de donner des terres à ses anciens soldats et de ratifier tout ce qu'il avait fait en Asie. Quant à Crassus, on ignore quelle fut sa part. Au fond, chacun espérait duper les autres et les exploiter à son profit[3].

L'élection de César était désormais certaine. Les nobles eurent beau s'acharner contre lui et recourir aux manœuvres les plus coupables[4] ; ils ne purent l'empêcher d'obtenir une forte majorité, et ils ne parvinrent qu'à lui imposer comme collègue son ennemi Bibulus. On voit par cet exemple que le peuple à cette époque n'était plus guidé dans ses choix par des considérations politiques. L'argent décidait tout, et comme le droit de suffrage n'était pour les gens de la plèbe qu'un moyen de gagner leur vie, ils tendaient fréquemment la main aux deux partis.

En vertu de la loi Sempronia, le sénat, avant les comices, désignait les provinces que les deux futurs consuls auraient d gérer après leur charge[5]. Il ne semble pas que cette loi ait été observée en 60 ; car, si l'on en croit Suétone[6], c'est seulement après l'élection de César et de Bibulus qu'on détermina leurs provinces. César espérait avoir en 58 un grand commandement militaire ; mais on le redoutait trop pour le satisfaire, et on décréta qu'il aurait, avec son collègue, l'administration fiscale des forêts et des pâturages de l'Etat. Suétone, qui nous donne quelques détails sur ce point, dit qu'on leur décerna *silvas callesque*. Or *silvæ* s'applique en même temps aux bois et aux prairies[7], et calles signifie les sentiers suivis par les troupeaux. D'ordinaire la perception des revenus que l'Etat tirait de la location de ces domaines était dévolue à un questeur[8] ; mais le sénat était libre d'en faire une province consulaire. On

---

1 Mommsen, *H. R.*, VI, 330 et 351.

2 Cie. (*Ad Att.*, I, 14, 3) nous donne une preuve curieuse de l'hostilité de Crassus contre Pompée.

3 Dion, 37, 56-57 ; Plut., *César*, 13, *Pompée*, 47 : App., *De b. c.*, II, 9 ; Cie., *Ad fam.*, VI, 6, 4 ; Florus, II, 13 (édit. Halm). La conclusion du triumvirat demeura secrète ; Cicéron ne la soupçonnait pas au mois de décembre 60 (*Ad Att.*, II, 3, 3). On ne la devina qu'en 59, quand on vit qu'en toute circonstance Pompée et Crassus soutenaient César.

4 Suét. 19 ; Plut., *Caton*, 26.

5 Cie., *De prov. cons.*, 2, 3 ; *Pro Balbo*, 27 ; Salluste, *Jugurtha*, 27.

6 Suét., 19.

7 Pour le sens du mot *silva*, voir Cie., *De lege agraria*, I, 1, 3 ; Varron, *De l. l.*, 5, 36 ; Gaius cité par Marquardt, *Röm. Staatsverwaltung*, II, 153.

8 Tacite, *Ann.*, IV, 27 : *Cutius Lupus quæstor, cui provincia vetere ex more calles evenerat*. On a proposé à tort de remplacer *calles* par *Cales*, nom d'une ville de

appelait à Rome du nom de *provincia* tout service public que le sénat ou le peuple confiait à un magistrat investi ou non de l'*imperium*. Le commandement d'une armée, la garde du trésor, la présidence des comices étaient des attributions d'un ordre bien différent ; c'étaient là néanmoins autant de provinces[1]. Le sénat, en réservant à César et à Bibulus la *callium provincia* usait de son droit jusqu'à, l'extrême, mais il ne sortait pas de la légalité.

Zumpt[2] n'a pas voulu adopter l'interprétation habituelle du texte de Suétone ; car, dit-il, il n'y a point d'exemple que les forêts et les pâturages aient été jamais donnés à un consul. Il croit que ce texte a été altéré, et il aime mieux lire non pas : id est *silvœ callesque* decernerentur, mais : id est *Italia Galliaque* decerneretur. Il entend par là, que les deux consuls furent invités à se partager l'administration de l'Italie péninsulaire et de la Cisalpine et à l'exercer dans l'année même de leur consulat. Cette conjecture soulève de nombreuses objections : 1° On conçoit à la rigueur qu'un copiste ait remplacé *Gallia* par *calles*, et encore serait-il surprenant qu'on eût substitué à un mot connu un terme peu usité ; mais comment expliquer le changement d'*Italia* en *silvœ* ? 2° Suétone atteste que les provinces primitives des consuls de 59 étaient d'une très faible importance (*minimi negotii*). Or ni l'Italie, ni la Cisalpine, même séparées, n'auraient été des gouvernements si méprisables[3]. 3° La correction de Zumpt, si elle était justifiée, nous obligerait à admettre que les provinces de César et de Bibulus leur avaient été attribuées pour 59 ; car jamais on n'assigna l'Italie à un consul pour le jour où il sortirait de charge ; l'Italie était toujours gouvernée par l'un des consuls en fonctions, ou, en leur absence, par le préteur urbain[4]. Il aurait donc fallu, dans l'hypothèse de Zumpt, que César et son collègue, dès le commencement de 59, procédassent, par la voie du sort ou autrement, â la

---

Campanie (Facciolati, au mot *calles*). — Suét. (*Claude*, 24) : *Collegio quæstorum...*, *detracta ostiensi et callium provincia, curam ærari Saturni reddidit.* Dans son édition (Teubner, 1865) Roth écrit *Gallica* au lieu de *Caltium*. Cette correction est d'autant moins justifiée que la *Gallica provincia* ne fut en aucun temps attribuée au collège des questeurs. Sur la location des pâturages, voir Belot, *Hist. des cheval. rom.*, II, 169.

[1] Sur le commandement des armées, voir Tite-Live, III, 10 ; V, 26 ; VII, 12 ; IX, 41 ; X, 24 ; XXI, 6 ; XXX, 43. Sur la garde du trésor, voir *lex Thoria*, 46 (*C. I. L.*, I, 82), *lex Servilia*, 68 (ibid., 62), 79 (*ibid.*, 63), *lex Cornelia*, I (*ibid.*, 108). Cf. Cic., *In Vatinium*. 5, 12. Sur la présidence des comices, voir Tite-Live, XXIV, 10 ; XXXV, 20. Cf. *Epit*. du l. 46. On peut consulter à ce sujet, Mommsen, *Die Rechkfrage swischen Cæsar und dem Senat*, 3-11, qui cependant a tort de prétendre que le mot *provincia* s'appliquait seulement aux magistrats revêtus de l'*imperium*.

[2] *Studia romana*, 66-68.

[3] Pour concilier l'expression de Suétone avec sa propre opinion, Zumpt prétend qu'avant 60 l'Italie et la Cisalpine formaient une province unique, et qu'en 60 seulement on en avait fait deux provinces distinctes, afin de diminuer l'importance du gouvernement de César. Plutarque cependant raconte que Lucullus, consul en 74, avait reçu la Cisalpine seule (*Lucull.*, 5). Cf. Plut., *Crassus*, 9, pour C. Cassius Varus et Plut., *Cicéron*, 12 ; Dion, 37, 33 ; Cic., *In Pisonem*, 2, pour C. Antonius.

[4] App., *De b. c.*, I, 107 ; Cic., *Brutus*, 92 ; Tite-Live, *Épit.*, 95 et 96 ; App., I, 117. Cf. Zumpt, *Stud. rom.*, 50-65. Quant au préteur, Tite-Live l'appelle *collegam consulibus atque iisdem auspiciis creatum* (VII, 1). Le préteur, non content de juger, peut lever des soldats (Tite-Live, XXV, 22 ; XXXIII, 43 ; XXXIX, 20), commander une armée (Polybe, III, 40 ; Tite-Live, X, 25 ; XXIII, 32), présider le Sénat (Tite-Live, XXII, 55 ; XXIII, 24 ; XXX, 21) et les comices (Tite-Live, XXV, 7 ; XXXIV, 53 ; XXXVII, 46). Cicéron (*Ad Fam.*, X, 12, 3) dit enfin : *Prætorem urbanum qui, quod consules aberant, consulare munus sustinebat more majorum.*

répartition1. Ils n'en firent rien cependant, et il ne parait pas que la question ait été même agitée. N'est-ce point là une preuve que l'Italie ne leur avait pas été décernée ? 4° Enfin on remarquera qu'après la dictature de Sylla, quand les auteurs anciens mentionnent les provinces destinées aux consuls, c'est des proconsulaires qu'ils parlent, de celles par conséquent que ces magistrats auront en main l'année suivante2. Il résulte de là que le texte de Suétone doit indiquer, en ce qui concerne César et Bibulus, non pas deux provinces dont l'administration rentre dans les attributions ordinaires des consuls, mais deux provinces qui aient pu être gérées en 58. La Cisalpine remplit bien cette dernière condition, mais non l'Italie.

Ainsi les règles de la paléographie, le témoignage formel de Suétone et des autres historiens, les principes du droit public de Rome, tout concourt à démontrer la fausseté de l'hypothèse de Zumpt et la nécessité de reconnaître que les consuls de 59 avaient reçu du Sénat la *callium provincia*.

Elle était loin de suffire à l'ambition de César, qui voulait surtout avoir une armée à commander et une guerre à conduire. Alors, en effet, c'était là le moyen le plus sûr de s'élever au premier rang ; l'histoire des dernières années l'avait bien prouvé. Marius, Sylla, Lepidus, Sertorius, Pompée, Crassus, tous ceux qui avaient joué ou essayé de jouer un rôle important dans la république s'étaient appuyés sur l'armée et avaient grandi par elle. Les soldats à cette époque étaient pour la plupart des volontaires sortis des classes inférieures de la société ; ils s'enrôlaient non pour défendre la patrie, mais pour vivre et pour s'enrichir. Le service militaire, à leurs yeux, était moins un devoir civique qu'une profession lucrative. Ils se battaient bien, mais à la façon des mercenaires du seizième siècle, par avidité, non par patriotisme. Ces soldats attendaient tout de leur chef ; car le chef seul distribuait les dons, les grades, les récompenses, l'argent, les terres, que l'on pouvait convertir en argent. Naturellement ils détestèrent celui qui donnait peu, et ils aimèrent celui qui était prodigue. Leur fortune fut liée à celle de leur général. C'était leur intérêt qu'il fût tout puissant dans Rome, afin qu'il eût beaucoup d'or et de terres à donner ; c'était leur intérêt qu'il se rendît maître de l'Etat et qu'il s'emparât de la république afin de la distribuer à ses soldats3. César, pour faire substituer à ses pâturages et à ses forêts une province nouvelle, s'adressa au peuple. C'était là un procédé qui n'avait rien

---

1 Sur ce point, les textes abondent : Tite-Live, III, 22 ; IX, 12, 31, 41 ; XXIV, 10 ; XXX, 1 ; XXXII, 28 ; XXXVII, 1 ; Salluste, *Jug.*, 27, 43.
2 Des consuls de 75, L. Octavius reçut la Cilicie, C. Aurelius Cotta la Cisalpine où il se rendit *ex consulatu*, dit Cicéron (*Brutus*, 92). Evidemment ces provinces leur avaient été décernées pour l'année qui suivrait le consulat. En 74, Lucullus échangea la Cisalpine contre la Cilicie et la guerre de Mithridate (Plut., 5 et 6), et son collègue, M. Aurelius Cotta, se fit donner la Bithynie (Cie., *Pro Murena*, 15, 32) ; c'étaient là aussi des gouvernements proconsulaires. En 63, Cicéron céda la Macédoine à C. Antonius, et reçut à la place la Cisalpine. Ces deux provinces avaient le même caractère que les précédentes. Il est vrai que souvent on voit l'un des consuls partir pour son gouvernement avant l'expiration de sa charge ; c'est que l'autre consul suffisait à l'administration de la ville et de l'Italie, et qu'il y avait au dehors des ennemis à combattre. D'ailleurs le premier se tenait toujours à la disposition du sénat, qui pouvait le rappeler à ses devoirs de consul (App., *De b. c.*, I, 101). Cf. Mommsen, *Die rechisfr.*, 10.
3 Ces idées ont été exposées avec force par M. Fustel de Coulanges (*Rev. des Deux-M.*, 15 nov. 70, p. 306-314). V. Salluste, *Cat.*, II, 37, 38 ; App., I, 2, 55, 57, 79, 96, 106, 108, 121 ; Tite-Live, *Epit.*, 83, 85, 89 ; Florus, II, 9, 11 ; Dion cité dans l'*Hist. de César*, 1, 279-280 ; Sall., *Jug.*, 86.

d'inconstitutionnel. Il n'était pas rare qu'un plébiscite voté, soit sur la demande expresse du sénat, soit contre sa volonté, chargeât un personnage populaire de la direction d'une guerre, de l'administration d'une province ou de toute autre mission analogue. En 202 les tribuns décernèrent à, P. Scipion la guerre d'Afrique[1]. En 192 un plébiscite changea les provinces d'abord assignées aux préteurs[2]. C'est du peuple que Marius avait reçu la Numidie en 107, Lucullus la Cilicie en 74, Pompée la guerre des pirates en 67, puis la guerre d'Asie en 66[3]. César ne fit que suivre ces exemples. La loi Licinia et la loi Œbutia interdisaient aux magistrats de présenter eux-mêmes au peuple une motion concernant leurs propres intérêts[4]. César acheta le tribun P. Vatinius[5], et celui-ci soumit à l'assemblée par tribus un projet de loi qui conférait à César, pour une période de cinq ans, le gouvernement de la Gaule Cisalpine et de l'Illyrie avec trois légions[6].

Il y avait dans ce projet une grave innovation, puisqu'il déterminait la durée du proconsulat de César. Depuis Sylla, les proconsuls gardaient généralement leurs provinces pendant trois ans environ[7]. Mais il n'y avait point de règle fixe à cet égard, et comme la *lex provinciæ* rendue pour chacun d'eux était muette sur ce point, le Sénat les rappelait quand il lui plaisait. On a quelquefois contesté qu'il eût la même prérogative lorsqu'il s'agissait d'un proconsul qui tenait du peuple son commandement ; en ce cas, dit-on, un plébiscite était nécessaire. Il est certain en effet que le plus souvent c'est à ce dernier moyen que l'on avait recours. Mais il n'était nullement obligatoire. Lucullus, qui fut consul en 74, avait reçu d'abord comme province la Gaule Cisalpine ; elle ne lui convint pas et il se fit décerner par le peuple la Cilicie et la guerre contre Mithridate ; au bout de quelques années ses succès l'avaient rendu maître de toute l'Asie Mineure[8] ; en 68 pourtant ce fut un sénatus-consulte, non un plébiscite, qui lui enleva la province d'Asie et la Cilicie[9]. Gabinius et Pison, consuls en 58, furent investis également par le peuple de la Syrie et de la Macédoine. Or Cicéron assure que le Sénat songea à les rappeler dés l'année 57, quum vix in provincias pervenissent ; et en 56 ce fut encore le sénat qui mit fin à leur gouvernement et qui envoya deux préteurs pour les remplacer[10]. Il ne parait pas d'ailleurs que ni Lucullus, ni Gabinius et Pison, ni aucun des contemporains ait accusé le sénat d'avoir outrepassé ses droits. Ceux-ci n'étaient limités par la puissance du peuple que sur un point seulement ; le sénat ne pouvait pas plus enlever l'imperium à un magistrat qu'il ne pouvait le lui conférer. Il fallut un plébiscite pour ôter à Lucullus la direction de la guerre d'Asie[11]. Pison, après qu'il eut quitté la Macédoine sur l'injonction du Sénat, conserva néanmoins l'imperium jusqu'au jour où il rentra dans Rome ; Cicéron, en effet, le raille de ce qu'il n'a pas osé

---

[1] Tite-Live, XXX, 27. CL XXVIII, 45 et XXIX, 13.

[2] Tite-Live, XXXV, 20.

[3] Salluste, *Jug.*, 73, 82 ; Plut., *Lucullus*, 6 ; App., *De bello Mithrid.*, 94, 97 Tite-Live, *Epit.*, 99, 100 ; Cie., tout le discours *Pro lege Manitia*.

[4] Cie., *De lege agraria*, II, 21.

[5] D'après Cicéron (*In Vatin.*, 6, 38), César dit un jour : *Vatinium in tribunatu gratis nihil fecisse*.

[6] Dion, 38, 8 ; App., *De b. c.*, II, 13 ; Plut., *César*, 14 ; Suét., 22.

[7] Zumpt, *Stud. rom.*, 67.

[8] Plut., *Lucullus*, 5, 6, 33.

[9] Dion, 35, 15. Mommsen, *H. R.*, VI, 208.

[10] Cie., *In Pisonem*, 16, 37 ; *De prov. consul.*, 6, 13 ; 2, 3 ; 7, 17.

[11] Cie., *Pro lege Manilia*, 9, 26 ; Dion, 35, 14.

demander le triomphe[1], et l'on sait que pour présenter une requête de ce genre, il était indispensable d'être *cum imperio*. Ainsi il n'appartenait pas au Sénat de dépouiller un proconsul de l'autorité suprême. Pour un acte aussi grave la constitution exigeait l'intervention de la souveraineté populaire, et voici comment on procédait en pareille circonstance. Si les comices, par une loi spéciale, abrogeaient l'*imperium* d'un gouverneur, il redevenait simple particulier le jour même où la loi lui était notifiée[2]. Si les comices se bornaient à désigner son successeur, il gardait tout au moins les insignes du commandement tant qu'il n'avait pas franchi les murs de la ville[3]. L'*imperium* échappait donc complètement à l'action du Sénat. Ce corps pourtant avait le droit de licencier l'armée du proconsul[4] et de disposer de sa province. Par là sans doute il ne touchait pas à l'imperium ; mais il le réduisait à n'être plus qu'une autorité nominale. Tels étaient sur cette question les principes du droit public. César n'ignorait pas qu'il avait tout à craindre de ses ennemis ; il voulut donc prendre ses précautions contre eux et leur lier d'avance les mains. Il ne lui suffisait pas d'obtenir ses provinces de l'assemblée populaire, puisque, malgré cette garantie, le Sénat était libre de le rappeler et de dissoudre son armée. Il fit donc insérer dans la loi Vatinia deux clauses relatives au nombre d'années qu'il passerait en Cisalpine et au nombre de légions qu'il aurait sous ses ordres. Il était dès lors en sûreté ; car le sénat ne pouvait lui arracher ses provinces ni ses soldats avant la date fixée par le plébiscite.

Pompée appuya de son mieux la loi Vatinia ; Crassus mit aussi son crédit au service de César, et l'union des triumvirs, dans cette affaire comme dans tout le cours de l'année, fut telle que Cicéron crut la république perdue[5]. Le parti sénatorial ne se résigna pas aisément à sa défaite, et il s'arma contre Vatinius de toutes les ressources que lui offrait la religion. C'était un principe à Rome qu'aucune décision populaire n'eût force de loi si auparavant les auspices n'avaient été observés et reconnus favorables[6]. Des règles établies vers 150 par les *lois Œlia* et *Fufia* déterminaient la façon dont les auspices devaient être consultés et la compétence des divers magistrats en ces matières. La première de ces règles était qu'aucun magistrat inférieur n'examinât le ciel (*servare de cœlo*) lorsqu'un magistrat supérieur tenait les comices[7]. La seconde accordait aux consuls, aux censeurs et aux tribuns le droit de se dénoncer les uns aux autres (*obnuntiare*) les présages fâcheux qu'ils avaient remarqués[8]. Quand Vatinius porta sa loi devant le peuple, il rencontra une double opposition, celle de

---

1 Cie., *In Pisonem*, 23 et 24 ; V. surtout 23, 55.

2 Mommsen, *Röm. Staatsr.*, I, 608, note 2 ; V. surtout App., *De reb. Hisp.*, 83.

3 Digeste, I, 16, 16 ; Cie., *Ad fam.*, I, 9, 25. Lucullus emmena d'Asie quelques soldats pour assister à son triomphe ; il avait donc encore l'imperium pendant son voyage de retour (Plut., 36).

4 App., *De bello Mithr.*, 90 ; Cie., *In Pis.*, 20, 47.

5 Suét., 22, Plut., *César*, 14 ; *Crassus*, 14. Les lettres de Cicéron à Atticus sont pleines de lamentations sur l'état de la république (II, 9, 13, 16, 17, 19, 21, 22). Aucune ne fait une allusion directe à la *loi Vatinia* ; mais toutes prouvent l'union intime des triumvirs.

6 Cie., *In Vatinium*, 6, 14 ; *De legibus*, III, 3-4 ; *De divin.*, I, 2, 3 ; II, 18, 42 ; Tite-Live, 1, 36 ; III, 20 ; V, 14 ; VI, 41 ; Schol., Bob. (Orelli), p. 307.

7 Aulu-Gelle, XIII, 15.

8 Cie., *Pro Sestio*, 37, 79 ; *Ad Att.*, II, 16, 2 ; IV, 3, 4 ; IV, 9, 1 ; *In Vatin.*, 7 ; Suét., *César*, 20. Cf. Bouché-Leclercq, *Dict. des antiq.*, au mot *auspicia*, p. 582 ; Mommsen, *Röm. Staatsr.*, I, 91. On a quelquefois supposé à tort que l'*obnuntiatio* ne s'appliquait pas aux comices électoraux (V. App., *De b. c.*, I, 78).

quelques-uns de ses collègues et celle du consul Bibulus. Trois tribuns, hostiles à sa motion, avaient pris soin d'examiner tous les jours le ciel, et ils feignirent d'y trouver des signes qui prohibaient la réunion des comices[1] ; quant à Bibulus il déclara son *obnuntiatio* par un édit[2] ; mais Vatinius n'était pas homme à se laisser arrêter par de tels scrupules. Dès le commencement de son tribunat, il avait exprimé son dédain pour ces vaines formalités et les résistances de ses collègues ne faisaient qu'exciter ses railleries[3]. Il lui en coûta peu de braver les *lois Œlia* et *Fufia*. Des bandes armées que commandait Pompée occupèrent le forum ; Caton voulut parler ; on l'arracha de la tribune, et César donna ordre de le conduire en prison[4]. Le lieu des comices fut témoin des mômes scènes qui avaient accompagné récemment le vote de la loi agraire, et c'est au milieu de ces violences que la proposition de Vatinius passa. Le Sénat craignit alors qu'un nouveau plébiscite n'ajoutât la Transalpine aux provinces de César. On savait en effet que celui-ci désirait surtout avoir une guerre qui lui fournit l'occasion d'acquérir de la gloire, d'enrichir ses soldats et de les bien exercer. Or la Cisalpine était une contrée paisible, et l'Illyrie était habitée par des populations remuantes, il est vrai, mais pauvres et difficiles à atteindre dans leurs montagnes. La Transalpine, au contraire, étant voisine de la Gaule indépendante, exposait sans cesse son gouverneur à la nécessité de faire quelque expédition dans ces pays lointains. A ce moment du reste les Helvètes s'agitaient ; les Suèves d'Arioviste avaient franchi le Rhin et menaçaient de fonder un vaste empire sur la rive gauche du fleuve[5] ; enfin, les luttes de l'aristocratie et de la démocratie semblaient de nature à favoriser la conquête de ces peuples celtiques qu'unissait à peine un faible lien religieux[6]. La Narbonnaise paraissait donc faite pour tenter les convoitises de César, et s'il n'avait pas choisi tout d'abord cette province de préférence à la Cisalpine, c'est qu'en prévision des événements il ne voulait point être séparé de l'Italie et de Rome par un gouvernement qui ne fût pas à lui[7]. Les sénateurs, redoutant qu'une seconde loi Vatinia l'investît aussi de la Transalpine, la lui donnèrent eux-mêmes avec une légion de plus[8].

---

[1] Cie., *In Vat.*, 7. La loi dont il est question ici paraît bien être la loi relative à la province de César, surtout si on rapproche ce passage de 15, 36. Schol., Bob. (Orelli), 317.
[2] Suét., 20.
[3] Cie., *In Vatin.*, 6, 14 ; 7, 16.
[4] Plut., *César*, 14.
[5] Cie., *Ad Att.*, I, 19, 2 ; II, 1, 11 ; App., *De reb. Gall.*, 16 ; César, *De b. g.*, I, 2 et 31. Cf. Mommsen, *H. R.*, VII, 36-40.
[6] Sur l'état politique de la Gaule avant la conquête, V. Fustel de Coulanges, *Instit. polit. de la France*, I, 5-37.
[7] *Hist. de César*, I, 395.
[8] Dion, 38, 8 ; Suét., 22.

CHAPITRE II. — DURÉE DU PREMIER GOUVERNEMENT DE CÉSAR.

Il n'est pas douteux qu'aux termes de la loi Vatinia le premier gouvernement de César devait durer cinq ans. Mais on n'est pas d'accord sur la date exacte où il commençait et où il finissait. Les opinions émises à ce sujet peuvent se ramener à deux : celle de Mommsen et celle de Zumpt.

Voici d'abord la théorie que Mommsen a développée dans son Mémoire intitulé : *La question de droit entre César et le Sénat*[1]. A l'origine, l'année romaine partait du 1er mars, et c'est seulement en 153 av. J.-C. que l'entrée en charge pour les magistrats suprêmes de la cité fut fixée au 1er janvier. Dès lors le 1er janvier marqua le commencement de l'année civile ; mais le 1er mars continua d'être le jour initial de l'année militaire et de l'année judiciaire. Il est vrai que ce principe était quelquefois violé dans la pratique : ainsi les soldats n'étaient pas toujours incorporés ni congédiés le 1er mars ; mais ces exceptions, si nombreuses qu'elles fussent, ne portaient nulle atteinte à la règle officielle. Cette règle ne s'appliquait pas uniquement aux simples soldats ; elle s'étendait aussi aux officiers, aux généraux, enfin à tous ceux qui avaient l'imperium. Le consul qui prenait possession de sa charge le 1er janvier ne prenait possession de l'imperium que deux mois après ; les propréteurs et les proconsuls qui se rendaient en province au sortir d'une magistrature urbaine ne quittaient Rome que le 1er mars ; même sous l'empire, l'année militaire était distincte de l'année civile, et elle allait du 1er mars au dernier de février. Mais en vertu de cet axiome de droit public : annus cœptus pro completo habetur[2], un semestre, un mois de service pouvait compter pour une année entière. D'autre part, il n'appartenait pas plus au général qu'au soldat d'abandonner son poste ; le soldat restait au corps jusqu'au moment où il recevait son congé, et le général demeurait à la tête de son armée jusqu'à l'arrivée de son successeur[3]. Il résulte de tout ceci que le *quinquennium* conféré à César par la loi Vatinia était compris entre le 1er mars 59 et le 1er mars 54 ; car en droit strict César devint proconsul le 1er janvier 58, bien qu'il ne soit parti pour la Gaule qu'à la fin de mars ; il eut donc l'*imperium* proconsulaire pendant les deux derniers mois de l'année militaire 59-58, et ces deux mois équivalaient à une année complète[4]. Telle est, dans ses traits essentiels, la thèse de Mommsen. Elle a été réfutée par Zumpt[5], à qui nous emprunterons la plupart de ses critiques en y ajoutant quelques observations personnelles.

Le premier argument invoqué par Mommsen est tiré d'un bronze du musée du Capitole, reproduit dans les recueils de Kellermann et d'Orelli[6]. Seize soldats de la deuxième cohorte des vigiles de Rome, entrés au service du 31 mai 199 ap. J.-C. au 13 février 200, élèvent un autel au génie de leur centurie parce que le 1er mars 203 ils ont été portés sur la liste de ceux qui reçoivent le blé de l'Etat, c'est-à-dire inscrits parmi les citoyens romains. Or un sénatus-consulte cité par Ulpien nous apprend que tout soldat de droit latin qui avait été vigile pendant

---

1 Breslau, 1857. Ce Mémoire e été traduit presque en entier par M. Alexandre et inséré en appendice dans le VIIe vol. de *H. R.* de Mommsen.
2 *Digeste*, L. 36, tit. 1, 74, 1 ; 50, 4, 8 ; 50, 16, 134. Cf. *Die Rechtsf.*, 18, note 40.
3 *Die Rechtsfr.*, 12-36.
4 *Die Rechtsfr.*, 42-43.
5 Zumpt, *Studia romana*, 185-193.
6 Kellermann, 12 ; Orelli-Henzen, 6752 ; *C. I. L.*, VI, 220. Cf. 3001.

trois ans acquérait le droit de cité[1]. Mommsen conclut de là que si les seize soldats dont nous parlons sont devenus citoyens le 1er mars 203, c'est ce jour-là qu'ils ont eu leur congé, preuve certaine que cette date était le terme officiel de l'année militaire[2]. A cela on peut répondre d'abord que le soin avec lequel ces soldats indiquent le jour précis où ils ont été faits citoyens est déjà une présomption défavorable à l'hypothèse de Mommsen ; il eût été plus naturel, en effet, de ne point noter cette date si, étant la même pour tous, elle eût été d'avance connue de tous. En second lieu, il n'est pas probable qu'y, peine arrivés à l'échéance légale de leur service, les vigiles prissent part aux distributions de blé. Le chiffre des pauvres que nourrissait l'Etat n'était pas illimité : César l'avait fixé à 150.000 et Auguste à 200.000[3]. Ceux qui étaient exclus de cette faveur attendaient que la mort fît des vides dans les listes ; tous les ans on révisait ces listes, on constatait les vacances, et on introduisait à la place de nouveaux noms[4]. Il pouvait donc arriver qu'au moment où le service d'un vigile expirait il n'y eût pas de place pour lui. Dans ce cas, un intervalle s'écoulait entre sa libération et son inscription. Or qui nous dit qu'il n'en a pas été ainsi des soldats qui figurent sur le bronze du Capitole ? On objectera peut-être que pour les vigiles il y avait toujours de la place. Cela est possible assurément ; mais quand même on admettrait qu'ils recevaient le même jour et leur congé et le droit de participer aux distributions de blé, il resterait encore à démontrer que ce jour-là était nécessairement le lei mars, et si l'on parvenait à faire cette démonstration, il suffirait, pour détruire les conséquences que Mommsen en déduit, de supposer que la révision annuelle de la liste des assistés s'achevait d'habitude le 1er mars.

Mommsen s'appuie encore sur d'autres textes épigraphiques qu'il semble avoir mal interprétés. L'un d'eux[5] nous atteste que sept prétoriens incorporés, cinq en 133 et deux en 134, ont été libérés le 7 janvier 150. Mommsen prétend que ces soldats ont dû commencer leur service dans la même année militaire, puisqu'ils l'ont terminée en même temps, et cette année militaire est d'après lui celle qui va du mois de mars 133 au mois de mars 134. Pour que cette opinion fût vraie, il faudrait que les premiers prétoriens eussent été enrôlés de mars à décembre 133 et les deux derniers en janvier ou février 134 ; or ce fait n'a pas été établi. Le raisonnement de Mommsen part d'ailleurs d'un principe faux, à savoir qu'on ne congédiait simultanément que des soldats de la même classe. Rien ne prouve qu'il en fût ainsi. On voit au contraire dans beaucoup de diplômes, l'empereur accorder l'*honesta missio* à des hommes qui *quina et vicena plurave* stipendia *meruerunt*[6]. Mais, dira-t-on, il y avait peut-être une exception pour les prétoriens ; la plupart des diplômes qui les concernent portent en effet l'expression suivante : *milites qui militaverunt in cohortibus prætoris, qui fortiter et pie militia functi sunt*[7]. Ce mot *militia*, que n'accompagne point l'indication des années de service, n'atteste-t-il pas que les prétoriens étaient toujours renvoyés dès que le terme légal était arrivé ? S'il existait réellement une règle pareille, il était très naturel de licencier tous ensemble les soldats qui avaient été admis ensemble dans les cohortes prétoriennes. C'est le système en usage chez nous ;

---

[1] Ulpien, titre 3. 5 (Giraud, *Enchiridion juris romani*, 113).
[2] *Die Rechtsfr.*, 14.
[3] Suét., *César*, 41 ; monument d'Ancyre (Ed. Mommsen, III, 21) ; Dion, 55, 10. Ce chiffre n'avait pas été dépassé au temps de Septime Sévère (Dion, 76, 1).
[4] Suét., *ibid.* Cf. Pline le Jeune, *Panégyr.*, 25.
[5] Orelli-Henzen, 6563. *C. I. L.*, VI, 209.
[6] Marquardt, *Röm. Staatsverwaltung*, II, 525.
[7] L. Renier, *Recueil de diplômes militaires*, 1, 2, 4, 5, 7.

il n'en était pas de même à Rome. Les prétoriens servaient en général pendant seize ans[1] ; mais il n'était pas rare que les empereurs, dans l'intérêt du trésor[2] autant que dans l'intérêt de l'armée, les retinssent plus longtemps. On en connaît un grand nombre qui n'eurent leur congé qu'après dix-sept ou dix-huit ans de présence au corps[3]. Il pouvait donc se faire qu'on libérât à la même date des prétoriens de plusieurs promotions différentes, et à cet égard ceux-ci ne se distinguaient en rien des légionnaires.

Une inscription de Lambèse mentionne des vétérans de la légion III*a* Augusta qui militare cœperunt Glabrione et Torquato, item Asiatico II et Aquilino Cos (c'est-à-dire en 124 et 125 ap. J.-C.) ; elle figure sur un monument destiné à honorer la mémoire de L. Novius Crispinus Martialis. Une autre est dédiée à Marc-Aurèle par les centurions et les vétérans qui militare cœperunt Glabrione et Homullo et Præsente et Rufino Cos (c'est-à-dire en 152 et 153). Enfin, une troisième est un hommage adressé par les mêmes individus au légat impérial A. Julius Pison[4]. Ces textes prouvent, d'après Mommsen, que l'année militaire était pour ainsi dire à cheval sur deux années civiles, puisqu'on la désignait en nommant deux consulats successifs[5]. Les inscriptions attestent au contraire qu'on la désignait toujours en nommant un seul consulat[6], et celles de Lambèse ne dérogent pas à cette régla. Il est aisé de voir que les soldats dont elles parlent appartenaient à deux classes distinctes et s'étaient associés, suivant l'usage, pour élever un monument à frais communs[7]. Mommsen le nie, il est vrai ; car il croit que l'occasion des trois inscriptions de Lambèse fut le passage de tous ces soldats dans le corps des vétérans[8]. Or s'ils étaient devenus vétérans au même moment, c'est dans la même année qu'ils étaient entrés au service. On n'ignore pas en effet que tout soldat qui avait fait ses vingt ans était de droit vétéran quand il restait dans l'armée[9]. Ces assertions seraient irréfutables si auparavant Mommsen avait eu soin de prouver que les inscriptions de Lambèse furent gravées en commémoration du jour où les légionnaires eurent la, vétérance. Il se contente de dire que la chose est hors de doute. Mais alors comment s'expliquer que la deuxième et la troisième placent des centurions à côté des vétérans ? En quoi ceux-là étaient-ils autorisés à témoigner publiquement leur reconnaissance pour une bonne fortune arrivée à ceux-ci ? Nous savons en outre la date de la deuxième inscription ; elle est de l'année 176[10]. Or, les soldate incorporés pendant l'année militaire 152-153 furent vétérans au plus tard en février 172. Est-il vraisemblable qu'ils aient laissé s'écouler quatre ans avant d'exprimer la joie que leur avait causée cet heureux événement ?

Si le 1er mars eût inauguré l'année militaire, c'est généralement vers cette date que les soldats auraient été enrôlés et licenciés. Or les textes épigraphiques et les textes des historiens montrent qu'il n'y avait point d'époque fixe pour

---

1 Tac., *Ann.*, I, 17.
2 Duruy, *Hist. des Romains*, III, 393.
3 *C. I. L.*, VI, 210, 2489, 2538, 2579, 2584, 2623. Cf. Marquardt, *Röm. Staatsv.*, II, 525.
4 L. Renier, *Inscript. rom. de l'Algérie*, 19, 45, 46.
5 *Die Rechtsfr.*, 15.
6 *C. I. L.*, III, 1078, 1172 ; VI, 2375, 2379, 2566.
7 Ce fait est en effet très fréquent ; il suffit, pour s'en convaincre, d'ouvrir un recueil quelconque d'inscriptions. Voir par ex. *C. I. L.*, VI, 212, 213, 218 ; Renier, *Inscr. de l'Algérie*, I, 56, 90.
8 Die Rechtsfr., *ibid.*
9 Zumpt, *Stud. rom.*, 189.
10 Zumpt, *Stud. rom.*, 189.

l'opération du recrutement1 . Quant aux congés, Mommsen affirme qu'ils étaient d'ordinaire expédiés de Rome aux armées du 4 au 7 janvier, et que par suite les soldats, souvent campés au loin, ne les recevaient guère qu'en mars2 . Ce fait est inexact. Sur cinquante-deux diplômes publiés par M. Renier, six seulement sont du mois de janvier ; les autres ont été délivrés dans les différents mois de l'année. Cette variété de dates n'a point pour cause la distance plus ou moins grande qui séparait de Rome les divers cantonnements militaires. Pour les cohortes prétoriennes et urbaines, le recueil de M. Renier contient quatre diplômes datés de janvier et un du 6 mai ; ceux des flottes de Misène et de Ravenne sons, des mois de février, avril, septembre, octobre, décembre ; ceux de la Mésie inférieure sont d'avril, mai, juin, août ; ceux de la Dacie portent les indications suivantes : 17 février, 22 mars, 27 septembre, 13 décembre. On pourrait citer encore beaucoup d'autres exemples empruntés aux armées de Bretagne, de Sardaigne, de Germanie, d'Illyrie, de Pannonie, de Judée, d'Egypte, de Rhétie, et il en résulterait que les soldats n'étaient pas renvoyés à une époque déterminée. Tout dépendait des circonstances et de la volonté de l'empereur. Puisqu'on ne tenait pas plus compte du 1er mars pour les congés que pour les levées d'hommes, il n'est pas probable que ce jour-là fût considéré comme le commencement de l'année militaire.

Mommsen a tort également de prétendre que l'année judiciaire partait aussi du 1er mars. Ce fait pourtant lui semble certain, et il conclut de là qu'il devait en être de même de l'année militaire ; car, dit-il, le droit de commander des troupes et le droit de rendre la justice dérivaient l'un et l'autre de l'*imperium*. D'après lui, les préteurs ne procédaient à la répartition de leurs attributions qu'après le 1er janvier ; ce travail leur prenait deux mois, et les procès ne s'ouvraient que le 1er mars. Mais comme chaque affaire était nécessairement vidée par le juge à qui elle avait été d'abord soumise, on n'introduisait pas de nouvelles instances après le 1er septembre, et le deuxième semestre de l'année judiciaire était employé à juger les procès entamés dans le semestre précédent3 . Des textes nombreux contredisent cette opinion. Verrés reçut du sort la province urbaine dés qu'il eut été désigné préteur4 . Metellus obtint la présidence de la *quœstio repetundarum* avant d'entrer en charge5 . Or il est impossible de croire que ce soient là des exceptions. Cicéron raconte qu'en 75 P. Annius Asellus légua tous ses biens à sa fille unique. Verrès, qui n'était encore que préteur désigné, s'entendit avec un parent du défunt, et il promit de casser le testament, sous prétexte qu'il n'était pas conforme à son propre édit. C'était violer ce principe de droit public qui refusait tout effet rétroactif aux lois et aux décrets ; le testament d'Annius étant antérieur à l'édit de Verrés, il était défendu de l'attaquer en se fondant sur cet édit même. Cicéron insiste longuement sur ce point, et il ajoute : Si finem edicto prœtoris afferunt kalendæ Januariæ, cur non initium quoque edicti nascitur à kalendis Januariis ! Il affirme donc que l'édit du préteur urbain a force de loi depuis le 1er janvier jusqu'au dernier de décembre. Or, si les attributions des préteurs n'avaient été réparties habituellement qu'après le 1er janvier, si par conséquent le préteur urbain n'avait fait connaître son édit qu'à la fin de janvier

---

1 Mommsen l'avoue lui-même (*Die Rechtsfr.*, 15). Cf. l'inscr. des vigiles et Mommsen, note 33.
2 *Die Rechtsfr.*, 16.
3 *Die Rechtsfr.*, 23-25.
4 Cie., *In Verrem*, act. II, lib. I, 40, 104. Pour le sens de l'expression *ut prœtor factus est*. Cf. *Ad fam.*, VIII, 4.
5 Cie., *In Verr.*, act. I, 8, 21.

ou en février, l'édit nouveau aurait eu cet effet rétroactif que Cicéron lui conteste ; car il aurait nécessairement atteint tous les actes de la vie civile accomplis entre le 1er janvier et le jour de sa publication[1]. Il n'était pas rare, d'autre part, que des procès fussent engagés et jugés en janvier et en février par les préteurs de l'année courante. En 56, Sestius est accusé de brigue et de violence le 10 février, et il est acquitté le 11 mars. Le 11 février de la même année, Cicéron plaide pour Bestia devant le préteur Cn. Domitius[2]. Dans ses *Verrines*, il expose le calcul de son adversaire qui veut rejeter l'affaire à l'année suivante, espérant que les juges futurs lui seront plus propices. Or voici les paroles qu'il prête à Verrès : Hunc judicem ex kal. Januariis non habebimus..... Secundum kal. Januarias, et prætore et prope toto consilio commutato, magnas accusatoris minas eludemus[3]. Quant aux quatre derniers mois de l'année civile, ils n'étaient pas réservés, comme l'assure Mommsen, aux causes déjà admises par le préteur. A cet égard les preuves abondent. Vers la fin de 59, Caton veut accuser Gabinius de brigue ; les préteurs refusent d'accueillir sa plainte, et il ressort clairement d'un texte de Cicéron qu'ils n'en avaient pas le droit[4]. En 54, Gabinius revient de son gouvernement de Syrie dans les derniers jours de septembre ; aussitôt on lui intente une double accusation, et il est absous[5]. Au mois d'octobre, quatre candidats au consulat sont traduits en justice sous l'inculpation de brigue[6]. En décembre 52, le tribun T. Munatius Plancus Bursa sort de charge, et Cicéron le fait condamner[7]. On trouverait encore deux exemples analogues en 51[8]. Tous ces textes sont en désaccord avec la théorie de Mommsen, et ils montrent que l'année judiciaire n'était pas plus distincte que l'année militaire de l'année civile.

Il est inexact de dire que les consuls n'étaient pas autorisés à solliciter pour eux-mêmes une *lex curiata de imperio* avant le 1er mars[9]. Bien que les historiens anciens négligent presque toujours de mentionner cette formalité, ils racontent certains faits d'où l'on peut conclure que la loi curiate était généralement votée peu de temps après l'élection du magistrat qu'elle concernait. On sait que l'imperium était indispensable pour exercer un commandement militaire[10]. Or, en 89, le consul L. Porcius Cato fut tué par les Marses dans une expédition qui eut lieu l'hiver, dit Appien, et l'on voit, par la suite du récit, que c'était l'hiver de 90-89, non celui de 89-88[11] ; le consul avait donc été pourvu de l'imperium avant le 1er mars. Quand commença la guerre entre César et Pompée, les consuls de 49, Marcellus et Lentulus, entrèrent en campagne dès le mois de janvier ; ils avaient déjà l'*imperium* ; car dans le même paragraphe du *De bello civili* César blâme les préteurs qui partirent alors pour leurs provinces sans loi curiate[12]. Si les consuls avaient mérité un pareil reproche, il n'aurait pas manqué

-----

[1] Cie., *In Verr.*, act. II, lib. I, 41 et 42.
[2] Cie., *Ad Quintum fratr.*, II, 3, 5-6 ; II, 4, 1.
[3] *In Verr.*, act. I, 10.
[4] Cie., *Ad Q. fr.*, I, 2, 15.
[5] Cie., *Ad Q. fr.*, III, 1-4.
[6] Cie., *Ad Q. fr.*, III, 3.
[7] *Ad Fam.*, VII, 2, 2 ; *Philip.*, XIII, 12, 27.
[8] *Ad fam.*, VIII, 8, 14.
[9] *Die Rechtsfr.*, 23-24.
[10] Cie., *De lege agraria*, II, 12, 30 : *Consuli, si legem curiatam non tabet, attingere rem militarem non licet.* Tite-Live, v, 52 ; Cie., *Phil.*, V, 16, 45.
[11] App., *De b. c.*, I, 50-51.
[12] César, *De b. c.*, I, 6.

de le leur adresser. Son silence atteste implicitement qu'en janvier ils étaient investis de l'imperium et qu'il n'y avait à cela rien d'illégal. Un dernier exemple que nous rappellerons encore est celui du consul Hirtius, qui, au mois de février 43, était avec des troupes à Claterna, non loin de Modène[1]. On objectera peut-être que c'étaient là des cas exceptionnels ; mais il est à présumer que Lentulus et Marcellus, pour ne citer qu'eux, ne se firent pas donner l'*imperium* la veille du jour où ils franchirent les murs de la ville ; ils le prirent sans doute en 50, après les comices électoraux, à un moment où ils ignoraient que l'année suivante ils auraient à revêtir le paludamentum. S'ils le reçurent longtemps avant le 1er mars 49, ce n'était pas en raison des circonstances, mais simplement pour obéir à l'usage.

Officiellement le 1er mars était une date comme les autres. Il avait néanmoins ceci de particulier que d'ordinaire les proconsuls et les propréteurs attendaient ce jour-là pour aller dans leurs provinces. Leurs fonctions urbaines expiraient à la fin de décembre, et les préparatifs qu'ils avaient à faire exigeaient bien deux mois[2]. Du reste, ils ne pouvaient guère s'éloigner au cœur de l'hiver ; car, même en tenant compte du temps nécessaire au voyage, la plupart seraient arrivés dans leurs gouvernements à une époque de l'année où il n'eût pas été possible d'entreprendre soit une expédition, soit une tournée judiciaire. C'est donc habituellement le ter mars qu'ils quittaient Rome. Mais il n'y avait pas de règle précise à cet égard. Gabinius et Pison se rendirent en Syrie et en Macédoine dans les derniers mois de leur consulat[3]. Crassus suivit cet exemple en 55[4]. César demeura aux environs de la ville jusqu'à la fin de mars 58[5]. Cicéron ne se mit en route pour la Cilicie qu'au mois de mai[6]. Or, rien n'indique qu'en avançant ou en retardant ainsi leur départ ces personnages aient violé aucune loi.

Il reste donc établi :

1° En principe, que l'année militaire se confondait avec l'année civile ;

2° En fait, que le *quinquennium* décerné à César en 59 pouvait ne point finir le 1er mars 54.

C'est pourtant au 1er mars 54 que Zumpt place le terme du proconsulat des Gaules ; mais son argumentation est très différente de celle de Mommsen. Tout commandement extraordinaire, dit-il, courait depuis le vote de la loi qui le conférait. Or en 56 le sénat discuta la question de savoir si on ne désignerait pas immédiatement pour le 1er mars 54 les successeurs éventuels de César. Il résulte de là que la loi Vatinia avait été adoptée le 1er mars 59 et que le *quinquennium* était compris entre cette date et les calendes de mars 54 ; car,

---

1 Cie., *Ad fam.*, XII, 5.
2 Il y avait l'*imperium* à conférer ou à proroger, les lieutenants à désigner, le chiffre des troupes à fixer, quelquefois des soldats à lever et l'édit à rédiger, sans compter les affaires personnelles que le proconsul avait à régler pour toute la durée de son absence.
3 Mommsen, *Die Rechtstr.*, note 75.
4 Cie, *Ad Att.*, IV, 13.
5 César, *De b. g.*, I, 7. *Hist. de César*, II, 47.
6 Cie., *Ad Att.*, V, 1.

d'après Zumpt, il est impossible d'admettre qu'osa ait songé à dépouiller César de son gouvernement avant l'expiration légale de ses fonctions[1].

Il convient d'examiner cette théorie de prés et, de discuter minutieusement les textes sur lesquels on l'appuie ; c'est le seul moyen de parvenir à une solution exacte des difficultés que soulève cette grave question.

A Rome, une magistrature était réputée extraordinaire, quand elle ne faisait point partie de la série régulière des honneurs, quand elle n'entrait en exercice que dans certaines occasions dont le propre était de n'être pas périodiques. Ainsi le dictateur, le *magister equitum*, l'interroi, les *triumviri coloniæ ducendæ*, les *triumviri agrarii*, les *Xviri legibus scribundis* avaient un pouvoir extraordinaire[2]. Cette expression s'appliquait aussi à quiconque obtenait une charge publique par dérogation à un des principes essentiels de la constitution. Tel était le cas du citoyen qui était élu deux fois consul à moins de dix ans d'intervalle ou encore de celui qui arrivait au consulat avant d'avoir atteint l'âge légal et passé par la préture[3]. Si un proconsul était investi par le sénat d'une province déjà attribuée par le sort à son collègue, cette province lui était décernée extra ordinem ; car la loi voulait qu'en cette matière les décisions du sort ne pussent être annulées que par un accord survenu entre les intéressés[4]. Il en était de même de tout proconsul qui avait reçu son gouvernement non du sénat, comme l'exigeait la loi Sempronia, mais de l'assemblée populaire[5]. Ce fut dans cette dernière condition que César se trouva placé par le vote du plébiscite Vatinien. Il fut donc dans la Gaule cisalpine un magistrat extraordinaire. Est-ce à dire qu'il faille accepter toutes les conséquences que Zumpt tire de là et fixer comme lui la fin du *quinquennium* au 1er mars 54 ? C'est ce qu'il importe de rechercher. Pour cela il est indispensable de passer en revue les arguments qu'il emprunte à la première dictature de César, à sa loi agraire, à la loi Gabinia et au triumvirat de l'année 43.

Eusèbe, dit-il, et plusieurs autres chronographes prétendent que César régna quatre ans et sept mois ; donc son règne, ou, ce qui revient au même, sa dictature commença aux ides d'août, puisqu'il mourut aux ides de mars 44 ; d'où il suit qu'en droit ses pouvoirs partirent du vote de la loi, car il n'inaugura ses fonctions que vers le mois de décembre[6].

Nous remarquerons que la phrase d'Eusèbe, telle que Zumpt l'interprète, est en contradiction avec plusieurs textes d'une autorité irréfutable. Eusèbe lui-même place dans la première année du règne de César la mort de Pompée[7], qui, on le sait, fut tué en septembre 48[8]. Cette année commença donc au plutôt en septembre 49, et non, comme le croit Zumpt, en août. D'autre part il n'est pas douteux que César s'empara de Lérida le 2 août 49[9] ; puis il se rendit à Cordoue et à Cadix ; un navire le transporta de cette ville à Tarragone, d'où il alla par voie de terre à Marseille, et c'est là qu'il apprit que M. Æmilius Lepidus l'avait fait

---

1 Zumpt, *Stud. rom.*, p. 74 et 82.
2 Willems, *Le droit public romain*, 247-258 ; 284-285. Ces charges étaient en dehors de ce qu'on appelait *certus ordo magistratuum* (Cie., *De lege agraria*, II, 9, 24).
3 César, *De b. c.*, I, 32 ; *Bruti epist. ad M. T. C.*, I, 4.
4 Cie., *Phil.*, XI, 7, Il ; *De domo*, 9, 24.
5 Cie., *De domo*, 9, 24 ; Mommsen, *Röm. Staatsr.*, I, 20, note 2.
6 Zumpt, *Stud. rom.*, 204.
7 *Eusebii chronicon*, fº 78 au verso (édit. d'H. Estienne, Paris, 1518).
8 Zumpt, 211.
9 *C. I. L.*, I, 398, col. 2.

nommer dictateur[1]. Cette nouvelle était trop 'grave pour qu'on ne se fût pas empressé de la lui transmettre ; elle ne dut pas non plus attendre César à Marseille, et il est probable que la loi venait d'être adoptée quand elle lui fut notifiée ; ainsi elle fut postérieure de plusieurs semaines au 13 août, date que Zumpt lui assigne, puisque César, suivant toutes les vraisemblances, n'arriva à Marseille que vers le milieu ou la fin d'octobre[2]. Nous sommes ici en présence d'une difficulté sérieuse. Il est impossible de rattacher le commencement du règne de César à un fait autre que sa première dictature[3], et cette dictature ne put pas lui être conférée aux ides d'août. Le seul moyen de résoudre ce problème est de supposer que Zumpt a mal compris le calcul d'Eusèbe et de l'expliquer comme il suit. Quand Eusèbe, dans le texte dont il s'agit, parle de quatre ans et sept mois, il entend sans doute parler d'un total de cinquante-cinq mois. Or César, pour réformer le calendrier, intercala soixante-sept jours supplémentaires entre le mois de novembre et le mois de décembre 46[4]. Si l'on admet qu'Eusèbe a compté, non par années, mais par mois, et que l'on remonte depuis les ides de mars 44 jusqu'au premier des cinquante-cinq mois qu'il attribue au règne de César, on arrivera aux ides d'octobre 49 et l'on assignera à cette dernière date le vote de la loi de Lepidus.

Quoi qu'il en soit de cette question de détail, il n'en est pas moins avéré qu'Eusèbe fait partir le règne de César du moment même où il fut élu dictateur, et il s'agit de savoir si légalement cette dictature datait en effet des ides d'octobre 49.

---

1 César, *De b. c.*, II, 19-21.

2 Voici sur quoi se fonde cette conjecture. Au temps de Polybe, il y avait dans l'Espagne orientale une route qui réunissait les Pyrénées h Carthagène (Pol., 3, 89), et au temps de Strabon, cette route atteignait Cordoue et Cadix (III, p. 160). D'après M. Hübner (*C. I. L.*, II, 627), la dernière section fut construite par César ; elle n'existait donc pas en 49, et, en effet, les seules bornes miliaires qu'on y ait trouvées sont de l'année 7 av. J.-C. (*C. I. L.*, II, 4936, 4937). César, lorsqu'il quitta Lérida, se dirigea probablement vers Tarragone, suivit la route du littoral, et de Carthagène marcha sur Cordoue par de mauvais chemins ; un trajet plus direct, par l'intérieur de l'Espagne, eût été beaucoup plus long. Or, l'Itinéraire d'Antonin marque de Lérida à Cordoue par Carthagène 680 milles romains (Fortia d'Urban, *Recueil d'itinéraires anciens*, Paris, 1845, p. 119-122), ou 1007 k. (1 mille romain = 1481 m.). Toute la question maintenant est de savoir combien César faisait de, kilomètres par jour en campagne. Plutarque atteste que huit jours lui suffirent en 58 pour franchir les 1200 k. qui séparent Genève de Rome (Plut., César, 17. Cf. *Hist. de J. César*, II, 57, note 2). Mais il semble, d'après le *De bello gallico*, I, 7, qu'il fût alors seul ; de même lorsque dans la campagne de Munda il alla en vingt-sept jours de Rome à Obulco, ville qui n'était qu'à 55 k. environ de Cordoue (Strabon, III, p. 160). En 49, au contraire, il était escorté de six cents cavaliers et précédé de deux légions qui partirent de Lérida dès que la ville eut capitulé, c'est-à-dire le 3 août au plus tôt, et qui paraissent être arrivées à Cordoue en même temps que lui (*De b. c.*, II, 19-21). Donc, si l'on admet que César, comme cela est à peu près certain, ne s'éloigna pas de Lérida aussitôt qu'il l'eut prise, et si l'on suppose qu'en moyenne ses légionnaires ne firent pas plus de 25 à 30 k. par étape (Cf. *Hist. de César*, l. c.), on conclura qu'il parvint à Cordoue vers le 15 septembre ; et il faut compter plus d'un mois pour son séjour dans le midi de l'Espagne, pour son voyage à Cadix et à Tarragone par mer, et de Tarragone à Marseille par terre (*De b. c.*, II, 22).

3 Les autres dates importantes de l'année 49 sont le passage du Rubicon, la prise de Lérida et la prise de Marseille. Aucune évidemment ne put être choisie comme point de départ de l'empire.

4 Dion, 43, 26. V. à ce sujet une note de M. Leverrier dans l'*Hist. de César*, II, 521. Cf. p. 523, note 1, et le tableau de la p. 551.

Le passage d'Eusèbe qui a donné naissance à toute cette controverse ne peut être bien saisi que si on le considère dans son ensemble. L'auteur, après avoir mentionné la guerre civile qui éclata entre César et Pompée, écrit sous forme de rubrique : Finis reipublicœ principiumque romani imperii. Puis il ajoute : C. Julius Cæsar primus apud Romanos singulare obtinuit imperium à quo Cæsares Romanorum principes appellati, et au-dessous : Romanorum primus (s.-e. regnavit) C. Julius Cæsar an. 4, me. 7[1]. Ainsi, dans sa pensée, le règne de César était le temps pendant lequel celui-ci avait été maître absolu ou empereur. Mais le propre des chronographes est d'assigner une date bien déterminée à des événements qui souvent ne comportent aucune précision de ce genre. Dans le cas actuel, il n'était pas possible de dire quand avait commencé l'empire. Obligé de marquer ce fait par une date arbitraire[2], Eusèbe choisit le jour où le peuple avait décerné à César la dictature. On se demandera peut-être pourquoi il n'adopta pas de préférence le jour où César prit possession de cette charge. C'est que la première de ces dates lui parut, au point de vue chronologique, plus digne d'être notée que la seconde. Aux ides d'octobre, celui qu'il appelle le premier empereur de Rome acquit un titre nouveau qui l'élevait au-dessus de tous les autres magistrats ; ses pouvoirs n'en furent point accrus, car ils étaient déjà absolus ; mais si la loi de Lepidus ne fut pas l'origine de sa toute-puissance, elle en fut du moins le signe. C'est pour ce motif qu'Eusèbe se crut autorisé à placer là le début du règne de César et du régime impérial.

Telle est, à ce qu'il semble, l'explication la plus naturelle de ce fameux texte d'où Zumpt a déduit une théorie que ses autres arguments ne démontrent pas mieux. Qu'importe que dès le lendemain du vote de la loi Gabinia Pompée ait usé des pouvoirs qu'elle lui conférait[3] ? Qu'importe qu'Antoine, Octave et Lépide, à peine élus triumvirs, aient aussitôt publié leur édit de proscription[4] ? Tout ce qu'on peut dire de ces deux exemples, c'est qu'ils ne sont ni contraires, ni favorables à la thèse de Zumpt. Pour établir un rapport quelconque entre cette thèse et ces faits, il faudrait prouver que l'empressement des triumvirs et de Pompée à inaugurer leurs fonctions venait du désir qu'ils auraient eu de ne point perdre un seul jour de charge. On ne voit pas non plus pourquoi Zumpt invoque, à l'appui de son opinion, la loi agraire de César. Cicéron, Appien, Dion, Plutarque ne font aucune allusion à la durée des pouvoirs dont furent investis les commissaires, ni surtout à leur point de départ. Nous savons que la loi fut présentée au sénat en janvier 59, puis au peuple, qu'en avril les commissaires étaient déjà nommés, qu'en 57 et en 56 on proposa vaguement de l'abroger, et qu'en 51 elle n'était pas encore complètement exécutée[5]. Mais les textes nombreux oh il en est question ne contiennent pas la moindre indication sur le jour initial de la charge des *XXviri* qu'on institua à cet effet. En somme le principe d'après lequel Zumpt

---

[1] Eusèbe, f° 78 au verso.

[2] C'est ainsi qu'il fait dater le règne d'Auguste depuis la mort de César. Il dit en effet qu'Auguste eut l'empire pendant cinquante-six ans et six mois (f° 14). Or, si l'on part du 19 août 14 ap. J.-C., et que l'on compte cinquante-six ans et six mois en remontant l'ordre des temps, on arrivé aux ides de mars 44.

[3] Plut., *Pompée*, 26.

[4] App., *De b. c.*, II, 7-8. Les *Fasti colotiani* (C. I. L., I, 466) disent que les triumvirs eurent leur fonction à partir du 27 novembre ; mais rien ne prouve que cette date fût celle de la loi Titia et non celle de l'inauguration de leur charge.

[5] Dion, 38, 1 et 4. Cie., *Ad Att.*, II, 7, 3 ; *Ad Q. fr.*, II, 1, 1 ; II, 5 et 6 (édit. Wesenberg) ; *Ad fam.*, VIII, 10, 4. En réalité, il y eut deux lois agraires (*H. de César*, II, 381, note 2 ; Zumpt, *Comment. epigraph.*, I, 289).

compte les années des magistrats extraordinaires de Rome ne repose que sur un seul argument, celui qui est tiré de la première dictature de César, et cet argument même .a été réfuté plus haut.

Voilà pour ce qui concerne le point de droit. Quant au point de fait, il n'offre désormais qu'un médiocre intérêt. Supposons, en effet, que la loi Vatinia soit du 1er mars 59, comme le veut Zumpt ; cela ne prouverait nullement que le gouvernement de César dut finir le 1er mars 54. Que serait-ce si elle avait été votée après les calendes de mars ? Nous n'avons là-dessus que de vagues renseignements. Il est certain, néanmoins, que la loi est antérieure au mois de juin. Dans une lettre écrite en juin, Cicéron raconte à son ami Atticus que César songe à l'emmener comme légat[1], et ce texte ne laisse aucune place à l'équivoque. Elle parait même antérieure au mois de mai ; car, dans une seconde lettre, datée du commencement de mai, Cicéron attribue à Pompée ces paroles : *Oppressos vos tenebo exercitu Cæsaris*[2]. De quelle armée s'agit-il ici ? Evidemment des légions que le peuple et le' sénat avaient décernées au proconsul des Gaules. D'un autre côté, Suétone, Dion et Appien attestent que Bibulus ne descendit plus au forum après le vote de la loi agraire, et que dès lors il demeura dans sa maison, d'où il ne cessa de lancer contre son collègue des décrets impuissants[3]. Or il n'est point d'auteur qui signale sa présence dans l'assemblée des comices réunis en vue de la loi Vatinia ; Caton essaya seul de combattre cette motion. Il était naturel d'ailleurs qu'avant de solliciter le gouvernement de la Cisalpine, César cherchât à gagner les sympathies de la foule, et l'on sait qu'une distribution de terres était à Rome un moyen sûr d'acquérir la popularité. Comme il est fort probable que la loi agraire de César fut adoptée dans la dernière semaine de janvier ou dans la première de février[4], le plébiscite vatinien doit être placé entre cette date et la fin d'avril. Dans cet intervalle même il convient de le rapprocher plutôt du mois de mai que du mois de janvier. Dion, qui d'ordinaire raconte les événements dans l'ordre chronologique, ne le mentionne qu'après toutes les lois juliennes de l'année 59. La plupart de ces lois furent en effet inspirées par le désir qu'avait César d'assurer le succès de la proposition relative au proconsulat des Gaules ; car il n'ignorait pas que de là dépendait sa fortune politique. Une société de publicains se plaignait qu'on lui eût affermé l'impôt d'Asie à un prix trop élevé, et depuis deux ans elle réclamait vainement soit une remise, soit la résiliation du bail ; par l'influence de César, la somme fut réduite d'un tiers[5]. Il porta des peines sévères contre les crimes de concussion ; mais on a des raisons de croire qu'il en exempta les chevaliers[6]. Il resserra son alliance avec Pompée, en faisant ratifier toutes les mesures que celui-ci avait prises en Orient[7]. Enfin il attacha à ses intérêts le chef de bandes, Clodius, en l'aidant à passer dans les rangs de la

---

[1] Cie., *Ad Att.*, II, 18, 3.
[2] Cie., *Ad Att.*, II, 16, 2.
[3] Suét., 20 ; App., *De b. c.*, II, 12 ; Dion, 38, 6.
[4] Tout projet de loi, avant d'être porté au peuple, devait être affiché pendant un *trinundinum* (Cie., *Pro domo*, 16, 41). Or les nundines avaient lieu tous les neuf jours. Un *trinandinum* se composait donc au moins de dix-huit jours. César soumit sa loi agraire au Sénat en janvier, sans doute au commencement du mois. Il la présenta ensuite au peuple, mais au plus tôt dix-huit jours après, ce qui nous mène à la fin de janvier ou à la première semaine de février.
[5] App., *De b. c.*, II, 13 ; Suét., 20 ; Cie., *Pro Plancio*, 14, 35 ; Schol., Bob. (Orelli), 261.
[6] Belot, *Hist. des chev. rom.*, II, 313.
[7] Dion, 38, 7. Appien et Suétone, *l. c.*

plèbe, et en lui ouvrant ainsi l'accès du tribunat[1]. L'objet principal de tous ces actes était de disposer les esprits à accueillir favorablement le projet de loi que Vatinius préparait. On peut donc prétendre que le vote de ce projet est postérieur au 1er mars, et même le reculer jusqu'en avril. Si cette conjecture est fondée, elle nous fournit un argument de plus contre la théorie de Zumpt.

A cette théorie et à celle de Mommsen nous essaierons d'en substituer une autre, qui semble à la fois plus simple et même justifiée par les faits.

Les lettres de Cicéron nous apprennent comment se comptait à Rome la durée des gouvernements provinciaux. Quand il fut envoyé en Cilicie, il savait qu'il y resterait un an, à moins que le sénat ne prorogeât ses pouvoirs. Or, dès son arrivée, il écrit à Atticus : Laodiceam veni pridiè kalendas sextiles ; ex hoc die clavum anni movebis[2]. Le 13 février 50, son langage est encore plus précis : Venimus, dit-il, in provinciam Laodiceam Sulpicio et Marcello consulibus (en 51), pridiè kalendas sextiles ; inde nos oportet decedere a. d. III kalendas sextiles (de l'année 50)[3]. Il revient sur ce point à plusieurs reprises, et toujours dans les mêmes termes[4]. Il parle de Bibulus qui ne se presse point d'entrer dans sa province de Syrie, et il ajoute : Id autem facere ob eam causam dicebant quod tardius vellet decedere[5]. Enfin, au commencement d'août 50, il annonce qu'il a mis son questeur Cœlius à la tête de la Cilicie et que ses propres fonctions sont terminées[6]. Que conclure de tous ces textes, sinon qu'en 51 les gouvernements proconsulaires dataient de l'instant où le magistrat prenait possession de sa province ? Ce principe était encore en vigueur sous Trajan. Pline, dans ses lettres officielles, a bien soin de mentionner le jour où il a débarqué en Bithynie, et Trajan ne manque pas de lui accuser réception de ce renseignement[7]. L'importance que l'un et l'autre paraissent y attacher témoigne qu'ils ne pouvaient s'empêcher de le noter, et que la légation de Pline partait de là. Mommsen remarque en outre que sous l'empire l'année proconsulaire allait du 1er juillet au 30 juin, et nous savons par Dion Cassius que le 1er juillet n'était pas le jour où les proconsuls avaient coutume de quitter Rome[8]. Le temps de leur voyage était donc en dehors du temps de leur charge, comme à l'époque où Cicéron administra la Cilicie.

Il ne devait pas en être autrement en 58. Si cette règle eût été postérieure à cette année-là, c'est en 52 qu'elle aurait été introduite dans le droit public ; car il n'y eut, de 58 à 51, qu'une *lex de provinciis*, celle de Pompée. Or cette loi nous est connue dans tous ses détails, et le silence des auteurs nous atteste qu'elle ne changea rien aux usages établis, en ce qui concernait le point de départ des années proconsulaires. D'ailleurs Cicéron, qui rappelle souvent ces usages pour fixer la date exacte où prendra fin son exil administratif, ne dit jamais qu'ils

---

[1] Cie., *Pro domo*, 16, 41 ; l'adoption eut lieu en mars 59 (Cie., *Ad Att.*, II, 12).
[2] Cie., *Ad Att.*, V, 15, 1.
[3] Cie., *Ad Att.*, V, 21, 9.
[4] Cie., *Ad Att.*, V, 20, 1 ; VI, 2, 6 ; VI, 3, 1.
[5] Cie., *Ad Att.*, V, 16, 4.
[6] Cie., *Ad Att.*, VI, 6, 3.
[7] Pline à Trajan, X, 28 : *Aliquanto tardius quam speraveram, id est XV calend. octobres Bithyniam intravi.* Trajan à Pline, X, 29 : *Quo autem die pervenisses in Bithyniam cognovi litteris tuis.*
[8] Mommsen, *Etude sur Pline le Jeune*, traduit par Ch. Morel dans la *Bibl. de l'Ecole des hautes Etudes*, p. 55. Dion, 57, 14 ; 60, 11.

fussent d'origine récente ; il n'exprime même pas le principe sur lequel sont fondés ses calculs, il le suppose familier à Atticus, et il se contente de l'appliquer à sa situation personnelle. Il serait difficile d'admettre qu'en cette matière une coutume différente eût prévalu. Les provinces n'étaient pas toutes à égale distance de Rome. Quelques-unes, comme la Cisalpine et la Sicile, étaient fort rapprochées ; d'autres, comme la Syrie, étaient très éloignées. Il n'eût pas été juste que les proconsuls chargés de ces dernières eussent été condamnés à voir la durée réelle de leurs fonctions arbitrairement restreinte par la longueur de la route, par le mauvais état de la mer, par la violence des vents, par les accidents du voyage. Cette considération, il est vrai, n'aurait eu aucune importance dans la plupart des cas ; car les provinces étaient en général décernées pour un temps indéfini. Mais il n'en était plus ainsi lorsqu'on dérogeait à cette habitude, comme on fit pour César. Il fallait alors que l'on sût avec précision quel serait officiellement le jour initial du commandement dont le proconsul se trouverait investi. Tout gouverneur, dès qu'il avait franchi les murs de Rome, était libre de porter les insignes de l'imperium, mais il n'en exerçait les attributions que dans sa province[1], et il était naturel que le moment même où il y entrait fût celui d'où dataient ses fonctions. Outre les arguments qui viennent d'être énumérés, cette conjecture est confirmée par ce fait que toutes les autres magistratures couraient à Rome depuis l'inauguration effective de la charge. Pour le consulat, la préture, l'édilité, le tribunat, cela n'est point douteux[2]. De même pour la dictature, puisque le texte d'Eusèbe n'a aucune autorité juridique, et que les auteurs anciens assignent tous une durée de onze jours à la première dictature de César[3]. Quant au triumvirat de l'année 43, il est certain qu'Octave, Antoine et Lépide, en prirent possession le lendemain du vote de la loi qui le leur conférait ; mais rien ne prouve que leur *quinquennium* ait couru à partir du premier jour et non à partir du second. Nous en dirons autant des commissaires institués par les lois agraires ou des généraux qui, comme Pompée, furent placés par le peuple à la tête de quelque expédition militaire. Il n'existe point de texte d'où l'on soit en droit de conclure que l'origine légale de leurs pouvoirs se déterminait d'une autre manière que celle des pouvoirs d'un consul ou d'un tribun. La même règle s'appliquait évidemment aux magistratures ordinaires et aux magistratures extraordinaires, aux gouvernements provinciaux et aux fonctions urbaines.

Ceci posé, il ne nous reste plus qu'à rechercher quel jour César arriva dans la Cisalpine. Il s'éloigna de Rome aussitôt qu'il fut informé du dessein qu'avaient les Helvètes d'émigrer en Gaule. Une semaine lui suffit pour franchir l'espace qui le séparait de Genève. Immédiatement après il reçut dans cette ville une députation envoyée par les Helvètes ; il ajourna sa réponse au 13 avril, et dans l'intervalle il fit des préparatifs de défense. Telle est là suite des événements dans le *De bello gallico* (I, 6-8). A lire ce récit, il est clair que le mur et la tranchée dont parle César au chapitre VIII étaient achevés le 13 avril. Or il résulte d'une étude faite sur les lieux mêmes par le commandant Stoffel que ce travail put être exécuté en deux ou trois jours[4]. Il fut donc entrepris vers le 9 et à cette dernière date la première entrevue avec les Helvètes venait sans doute

---

₁ Ulpien au *Digeste*, I, 16, 1.

₂ Il y avait une exception à cette règle. Quand les magistrats urbains n'étaient pas encore nommés à l'époque où ils auraient dû entrer en charge, leurs pouvoirs n'étaient pas comptés du jour de l'inauguration réelle de leurs fonctions ; mais ce cas se présentait rarement.

₃ César, *De b. c.*, III, 3. Plut., *César*, 38.

₄ *Hist. de César*, II, 49, note 1.

d'avoir lieu. Nous la placerons approximativement au 7. Elle dut être postérieure de deux ou trois jours à l'arrivée de César à Genève, d'où il suit que César se mit en route dans les environs du 27 mars. Mais la Cisalpine n'était guère qu'à deux cents kilomètres de Rome[1]. César s'y trouva par conséquent le 28 ou le 29, et ce fut alors que commença son *quinquennium*. Nous savons que pour entrer en charge les gouverneurs n'avaient qu'y, passer la frontière de leur province. Cicéron compte les jours de son proconsulat depuis le moment où il a été à Laodicée, in prima provincia[2]. Mais, dira-t- on, César avait à administrer trois provinces, la Cisalpine, la Transalpine et l'Illyrie ; dès lors il semblerait que ses fonctions ne pussent point partir d'une date unique ; il en faudrait une pour chacun de ses gouvernements. Il est aisé de répondre qu'aux yeux des Romains les territoires confiés à César n'étaient qu'une seule province. Le mot *provincia* désignait moins une circonscription administrative que la part d'autorité déléguée à un magistrat. Si deux contrées, jusque-là bien distinctes, étaient réunies dans les mains d'un même individu, leurs limites communes disparaissaient et elles ne formaient plus qu'une province unique. Ainsi César n'eut qu'à traverser le Rubicon pour inaugurer son proconsulat, et le *quinquennium* que lui avait accordé la loi Vatinia s'étendit de la fin de mars 58 à la fin de mars 53.

Ici pourtant se présente une grave objection. En 56 on proposa dans le sénat de décerner la Cisalpine et la Transalpine aux futurs consuls de 55, de telle sorte que César fût remplacé le 1er mars 54. Or le sénat n'avait pas qualité pour rappeler César avant l'expiration de sa charge ; car c'eût été annuler le plébiscite de 59, et un plébiscite ne pouvait être abrogé que par un autre plébiscite. Le 1er mars 54 était donc réellement le terme que la loi avait assigné au gouvernement de César.

Il est très vrai qu'en 56 on songea à nommer les proconsuls qui succéderaient à César en 54. Il est hors de doute également que le sénat n'avait pas le droit de casser une loi adoptée par le peuple ni de dépouiller de son commandement, avant l'échéance légale, un magistrat qui en avait été investi par un plébiscite. En 204 un sénateur voulant que l'on retirât à Scipion la direction de la guerre d'Afrique demanda que les tribuns provoquassent un vote des comices sur ce sujet[3]. Appien raconte qu'en 137 le consul Æmilius Lepidus, ayant été envoyé en Espagne, s'y conduisit mal, et que le peuple lui enleva à la fois son commandement et son consulat[4]. Ce fut aussi le peuple qui, en 104, abrogea l'*imperium* de Servilius pour le punir de la défaite que les Cimbres lui avait infligée[5]. En 56, lorsque C. Caton se mit en devoir d'arracher à Lentulus sa province de Cilicie, il s'adressa au peuple, non au sénat[6]. Ces exemples montrent que le sénat ne pouvait rien à l'encontre d'une résolution populaire.

Mais si ses prérogatives étaient restreintes à cet égard, la constitution du moins l'autorisait à frapper de nullité toute loi qui n'avait pas été votée dans les règles. Il abolit en 91 les lois du tribun Livius Drusus parce que celui-ci n'avait pas tenu compte des auspices, et Cicéron déclare que cet acte de vigueur était

---

1 *Ibid.*, 505.
2 Cie., *Ad Fam.*, III, 6, 2. Les proconsuls devaient entrer dans leur province toujours par le même point (Ulpien au *Digeste*, I, 16, 4, 5).
3 Tite-Live, XXII, 19.
4 App., *De reb. Hisp.*, 80 et 83.
5 Asconius (Orelli), 78.
6 Cie., *Ad Q. fr.*, II, 3, 1.

parfaitement légitime1. C'est pour un motif analogue que l'on attaqua la validité de l'adoption plébéienne de P. Clodius ; le jour où elle eut lieu, les présages du ciel avaient été défavorables ; en outre il n'y avait pas eu un intervalle de trois nundines entre la *promulgatio* de la loi et le vote définitif ; elle était donc entachée d'un double vice de forme et le sénat avait le droit de la considérer comme non avenue2. Dans les Philippiques, Cicéron, se fondant sur ce fait que plusieurs .lois d'Antoine ont été portées per vira et contra auspicia, invite ses collègues à décider que chacun est libre de les enfreindre3. Asconius nous a conservé un passage du discours *Pro Cornelio* où se trouvent énumérés, suivant l'expression de Cicéron, genera in quibus per senatum more majorum statuatur aliquid de legibus. Ces cas sont au nombre de quatre ; mais le texte mutilé d'Asconius n'en fait connaître que trois. 1° Le sénat peut émettre le vœu qu'une loi soit abrogée par le peuple (*placere legem abrogari*). 2° Il peut ordonner, dans une circonstance exceptionnelle, qu'il soit dérogé aux lois. 3° Il peut enfin casser toute loi inconstitutionnelle (*ea non videri populum teneri*) ; et Asconius cite à ce propos celles de Drusus4. Or, pour qu'une loi fut inconstitutionnelle, il suffisait que les auspices n'eussent pas été consultés ou respectes5.

On s'est quelquefois mépris sur le sens de cette dernière formalité. On a dit que vers la fin de la République la religion avait perdu tout empire sur les esprits cultivés, que César s'en moquait en plein sénat, que Cicéron la tournait en ridicule avec ses amis, que par suite le maintien des règles qui subordonnaient tous les actes de la vie politique aux prétendues volontés du ciel était un expédient suranné dont se servait l'aristocratie pour gêner l'expression des sentiments populaires, que les démocrates avaient raison de passer outre quand le parti sénatorial, réduit à l'impuissance, se cantonnait sur le terrain religieux, qu'il eût été absurde de la part de César de se laisser intimider par les édits de Bibulus déclarant néfastes tous les jours de son consulat, et que l'historien ne saurait reconnaître au sénat, du moins dans le premier siècle avant notre ère, le droit d'annuler les plébiscites contraires aux lois Œlia et Fufia. Pour apprécier la valeur de cette assertion, il faut nous bien pénétrer du caractère des institutions républicaines de Rome ; car ce n'est pas avec nos idées modernes, c'est avec les idées des anciens qu'il convient de juger les choses de l'antiquité. Aux yeux des Romains, l'autorité publique était, de sa nature, absolue ; mais les pouvoirs de chaque magistrat étaient limités par les pouvoirs de tous les autres ; ils se tenaient réciproquement en échec, et de leurs conflits naissait la liberté, telle qu'on l'entendait alors. L'individu n'avait aucune garantie légale contre l'État pris dans son ensemble ; mais il avait des moyens de protection contre l'arbitraire des agents de l'État, pris isolément. Le sénat savait aussi se faire obéir des citoyens qui se partageaient le pouvoir exécutif : il avait recours, selon les circonstances, à l'imperium des consuls, à l'*auxilium* des tribuns, à la puissance du peuple, à la religion même6. En revanche on avait cru bon de se prémunir également contre ses caprices. Comme sa compétence n'était pas nettement

---

1 Asconius, p. 68 ; Cie., *De leg.*, II, 6, 14.
2 Cie., *De domo*, 15-16.
3 Cie., *Phil.*, V, 4, 10 ; XII, 5, 12.
4 Asconius, p. 57, 67, 68.
5 App., *De b. c.*, I, 30.
6 Tite-Live, IV, 26 9 ; XXVII, 5. Cie., *Pro Sestio*, 31, 68 ; *Ad Fam.*, VIII, 8. Polybe, qui a si bien compris le mécanisme de la constitution romaine, remarque que ce qui en fait le mérite, c'est la dépendance réciproque des pouvoirs les uns à l'égard des autres (VI, 15-16).

déterminée, il en profitait parfois pour l'étendre ; mais ses décisions étaient toujours susceptibles d'être révisées et cassées par les comices. Il était entravé même dans l'exercice de ses attributions ordinaires : il ne nommait pas son président et il n'avait pas le droit d'initiative ; c'était un consul, un préteur ou un tribun qui le convoquait, qui dirigeait les débats et qui mettait les propositions aux voix ; nul ne parlait sans sa permission, rien n'était discuté qu'avec son consentement. Les comices ne durent pas échapper à la règle qui voulait que dans l'Etat il n'y eût pas de pouvoir sans contrôle. La démocratie athénienne, tout en reconnaissant le principe de la souveraineté du peuple, avait senti le besoin de la renfermer dans de justes limites. Aucun décret de l'assemblée populaire ne pouvait prévaloir contre une loi, et les lois elles-mêmes n'étaient modifiées qu'avec une extrême prudence ; des magistrats spéciaux étaient chargés de les préserver de toute innovation téméraire et le peuple ne les amendait que sur la double proposition des thesmothètes et du sénat[1]. Ces sages précautions étaient encore plus nécessaires à Rome qu'à Athènes ; car la foule qui votait au forum ou au champ de Mars était loin d'égaler en intelligence politique celle qui se réunissait au Pnyx. Il n'est pas probable d'ailleurs que dans la démocratique Athènes les prérogatives du peuple aient été plus restreintes qu'à Rome, dans une cité dont les mœurs demeurèrent toujours aristocratiques, même quand la législation eut cessé de l'être. Or, au temps de César, les lois Œlia et Fufia étaient la seule barrière que la constitution opposât au despotisme de la plèbe ; par elles les nobles exerçaient une sorte de veto préventif sur les décisions du peuple ; par elles ils empêchaient presque tout le mal que la démocratie pure eût fait à la République. Elles avaient peut-être été établies à l'origine dans un intérêt religieux ; mais, de l'aveu de Cicéron, elles ne furent maintenues dans la suite que pour un motif politique[2]. Ce n'est pas à dire qu'elles fussent sans importance à l'époque qui nous occupe, et que l'on considérât alors les auspices comme une vaine formalité. L'acharnement des uns à en proclamer la nécessité, des autres à la nier, prouve qu'au fond une grave question était là en jeu. Il s'agissait de savoir si Rome conserverait ou perdrait sa constitution actuelle, et avec elle cet admirable équilibre des pouvoirs qui garantissait la liberté. Délivrer la plèbe du dernier frein qui la maîtrisait encore, c'était assurer sa domination et par là préparer l'empire. Il n'est donc pas étonnant que le sénat, où les républicains ne cessèrent pas jusqu'à, la fin d'avoir la majorité, ait souvent usé du droit qu'il avait d'abolir tout plébiscite voté en dépit des lois Œlia et Fufia.

Ces lois, on l'a vu, avaient été violées par Vatinius en 59 et il en résultait que la Cisalpine avait été donnée à César illégalement. C'est là-dessus que se fondèrent quelques sénateurs en 56 pour demander que le proconsul des Gaules fût remplacé le 1er mars 54. La preuve nous en est fournie par le *De provinciis consularibus*. Un sénateur voulait laisser la Cisalpine à César et lui enlever la Transalpine ; un autre préférait lui laisser la Transalpine et lui enlever la Cisalpine. Alter, dit Cicéron au sujet de la deuxième motion, belli Gallici rationem habet, fungitur officio boni senatoris, legem quam non putat, eam quoque serva,t, præfinit enim successori diem[3]. Cette phrase, obscure au premier abord, doit s'expliquer de la façon suivante : L'auteur de la proposition qui maintient

---

1 G. Perrot, *Essai sur le droit public d'Athènes*, 156-180. Fustel de Coulanges, *La cité antique*, 402-403.
2 Cie., *De divinatione*, II, 18, 42 ; II, 35.
3 *De prov. consul.*, 15, 37.

César dans la Transalpine lui permet d'achever la guerre des Gaule ; de plus, il se montre jaloux des prérogatives du Sénat, puisqu'il dépouille César de la province qu'il a reçue du peuple sans lui ôter celle que le Sénat lui a confiée. Mais, tout en contestant la légalité du plébiscite de 59, il le respecte dans une certaine mesure, car il interdit au futur successeur de César de pénétrer en Cisalpine avant le 1er mars 54. Ce texte nous apprend qu'aux yeux des constitutionnels purs, la loi Vatinia était nulle, et elle était nulle parce qu'elle avait été adoptée malgré l'*obnuntiatio* de trois tribuns et d'un consul[1]. Le Sénat pouvait donc réduire à son gré la durée du gouvernement de César ; cela est tellement vrai que Cicéron n'invoque contre le projet en discussion que des raisons d'opportunité. S'il en est ainsi, on se demandera peut-être pourquoi les ennemis même de César, au lieu de le rappeler immédiatement, reculaient jusqu'au 1er mars 54 la date où il sortirait de charge. Nous répondrons que c'était afin d'obéir à la loi Sempronia. La Cisalpine et surtout la Transalpine étaient, par suite de la guerre des Gaules, deux provinces trop importantes pour être données à de simples préteurs ; il fallait nécessairement les réserver à des proconsuls. Or, en 56, les seuls consuls à qui il fût possible de les assigner étaient ceux qui allaient être élus aux prochains comices[2] ; elles ne devaient donc passer en leurs mains qu'en 54, et l'on fixait au 1er mars de cette année l'inauguration de leurs fonctions parce qu'ordinairement, sinon officiellement, c'était vers le 1er mars que les nouveaux gouverneurs se rendaient à leur poste.

De tout ceci nous conclurons que l'objection tirée du *De provinciis consularibus* est sans valeur et que le *quinquennium* conféré à César en 59 finissait seulement en mars 53.

---

[1] En 58, une loi Clodia abolit les lois Œlia et Fufia (Cie., *Pro Sestio*, 15, 26 ; Dion, 38, 13). Mais comme elle ne pouvait pas avoir d'effet rétroactif, elle n'empêchait pas le plébiscite de 59 d'être illégal. De plus, cette loi Clodia était nulle aux yeux des républicains, puisque l'adoption plébéienne de Clodius et, par suite, son élection au tribunat étaient irrégulières (*De Prov. cons.*, 19). Elle fut souvent violée.
[2] On sait qu'en vertu de la loi Sempronia, le sénat devait chaque année, avant les comices, déterminer les provinces que les consuls, encore inconnus, de l'année suivante, auraient à administrer après leur charge urbaine.

CHAPITRE III. — ENTREVUE DE LUCQUES. - LOI TREBONIA, ET LOI POMPEIA-LICINIA DE L'ANNÉE 55.

Ce n'était pas assez pour César d'avoir le gouvernement des Gaules. Il fallait aussi empêcher que pendant son absence ses ennemis eussent le champ libre à Rome. Les lois avaient été violées en 59 par César et par ses agents, si bien que la plupart de ses actes et des leurs étaient inconstitutionnels. Le sénat pouvait donc les abroger et ainsi le dépouiller dé son commandement. En supposant qu'il n'allât pas jusque-là, il pouvait commencer contre lui une de ces guerres d'intrigues et de chicanes où excellent les assemblées, miner sa puissance à petits coups redoublés, ébranler peu à peu sa popularité, et surtout préparer, pour l'époque de son retour, un moyen sûr de le perdre. Les impatients n'attendirent même pas qu'il fût arrivé dans sa province. Il était à peine sorti de charge que les préteurs L. Domitius Ahenobarbus et C. Memmius parlaient déjà d'abolir les lois juliennes ; mais le sénat eut peur des légions campées près de Rome, et il rejeta cette motion imprudente. On poursuivit alors le questeur de César, et lui-même fut cité en justice par le tribun L. Antistius ; l'intervention des autres tribuns le sauva[1] . Ces attaques, bien qu'elles eussent échoué, avaient ceci de grave qu'elles attestaient clairement les dispositions hostiles du parti aristocratique. Pour couper court à toutes ces manœuvres, César resserra son union avec Crassus et Pompée. Il emmena comme lieutenant le fils du .premier, et il donna sa fille en mariage au second. Les alliances de famille ne sont pas toujours un gage d'amitié entre hommes politiques ; mais, de l'aveu des historiens anciens, Julie, par l'action qu'elle exerça sur son époux, contribua à maintenir l'accord des triumvirs[2]. Ils firent nommer consuls, pour l'année 58, Pison, beau-père de César, et Gabinius, créature de Pompée[3] ; ils portèrent au tribunat P. Clodius et s'assurèrent par là l'appui des sociétés secrètes et des bandes de gladiateurs dont il était le chef. Pour les années suivantes, ils s'engagèrent à combattre la candidature de quiconque ne serait pas leur partisan déclaré ; ils exigèrent même de quelques suspects des promesses écrites de fidélité[4]. Enfin, ils enlevèrent au sénat son plus éloquent orateur et le plus chaud défenseur de la constitution[5] : Cicéron fut exilé, sous prétexte que l'exécution des complices de Catilina avait été illégale, et Caton fut envoyé en Orient avec mission de régler les affaires de Byzance et d'annexer file de Chypre. Toutes ces mesures eurent pour, effet d'accroître encore la terreur que César avait inspirée à ses ennemis. On avait compté que la tyrannie des triumvirs ne se prolongerait pas au delà du consulat de César[6] ; il fallait désormais renoncer à cet espoir. C'en est fait, disait Cicéron, il n'y a plus moyen d'échapper à la servitude, et nous y sommes résignés ; mais l'exil et la mort sont préférables à notre condition actuelle (*Ad Att.*, II, 18, 1). Dans plusieurs de ses discours, il fait un tableau lamentable de l'état où se trouvait la république au commencement de

---

[1] Suét., 23.

[2] Plut., *Pompée*, 50 ; Suét., 27. On sait l'importance que Lucain attribue à la mort de Julie.

[3] Caton essaya d'écarter la candidature de Gabinius en l'accusant de brigue ; le préteur refusa de recevoir sa plainte (Cie., *Ad Q. fr.*, I, 2, 15).

[4] Suét., 23.

[5] César proposa à Cicéron de l'emmener en Gaule comme lieutenant. Sur son refus, il permit à Clodius de l'envoyer en exil.

[6] Cie., *Ad Att.*, II, 7, 3.

58. Il décrit l'abaissement du sénat et l'anarchie qui en est la conséquence, les«violences des consuls et de Clodius, l'absence de toute justice, les meurtres, les incendies demeurés impunis, l'armée du désordre sans cesse grossie par des enrôlements d'esclaves ; il montre le découragement et la frayeur des honnêtes gens, la puissance de César et de ses alliés, l'effroi que cause la simple menace de leur courroux, le respect mêlé de crainte qu'on éprouve pour leurs volontés réelles ou supposées[1]. Quand Clodius se mit en devoir -de chasser Cicéron de Rome, il n'eut qu'à persuader au peuple qu'il agissait par ordre de César, Pompile et Crassus. Le silence des triumvirs, qui se gardèrent de désavouer ce langage, fut pour Cicéron un avertissement suffisant, et il partit[2].

La république était donc à la merci de la coalition ; mais Pompée se lassa bientôt du rôle qu'il jouait. Jusqu'ici, c'était César qui avait retiré les plus grands profits de la formation du triumvirat. Tandis que ses deux collègues restaient à Rome sans titre officiel, sans attributions légales, il était lui-même à la tête d'une nombreuse armée, il commandait deux provinces, il entreprenait une guerre qui lui promettait beaucoup de gloire, et tous ces avantages lui étaient garantis pour une période de cinq ans. La balance n'était donc pas égale entre les coalisés. Un autre embarras de Pompée, c'est qu'il était un homme d'ordre, et qu'il se voyait pourtant obligé de souffrir l'anarchie, sinon de la favoriser. Il peut arriver quelquefois qu'un ambitieux, pour devenir le maître, se fasse démagogue. Mais la démagogie n'a jamais été une forme de gouvernement ; c'est une arme dont les politiques les moins scrupuleux ne se servent qu'avec l'intention de la briser le lendemain de la victoire. Pompée le savait bien ; car, s'il n'était pas, comme César, un homme d'État, s'il n'avait ni sa haute raison, ni son esprit pratique, il était, d'instinct, conservateur, et il avait assez de bon sens pour comprendre que la société avait besoin d'être protégée contre les agitateurs, les assassins et les incendiaires. Mais la nécessité d'annuler le sénat, ennemi commun des triumvirs, forçait Pompée à rechercher l'appui de la populace. Que gagnait-il à cela ? Le mépris des honnêtes gens et la haine de l'aristocratie. Il était naturel qu'on lui imputât tout le mal qu'il n'empêchait pas ; la plupart le considéraient comme complice de ce que Rome renfermait de plus mauvais ; quelques-uns, plus indulgents, le regardaient simplement comme dupe, ce qui, pour un homme aussi vaniteux que Pompée, était encore moins flatteur. Il voulut échapper à l'odieux ou au ridicule d'une situation pareille, et il y fut presque contraint par Clodius.

Le tribunat de ce personnage fut marqué par l'adoption de plusieurs mesures empruntées au programme des démocrates avancés. Il diminua les attributions des censeurs[3], abolit les lois Ælia et Fufia[4], fît des distributions gratuites de blé aux pauvres[5], supprima les restrictions récemment apportées au droit d'association, et rétablit les clubs des carrefours[6]. Pompée sans doute désapprouvait ces réformes. Il n'osa pas cependant les combattre, par crainte de perdre tout prestige, si ses attaques échouaient, ou de compromettre sa popularité, si elles réussissaient. Ce succès enhardit Clodius. Au lieu d'être un

---

[1] *Pro Sestio*, 15, 34 ; 19, 42 ; *Orat. post red. in sen. habita*, 13, 33 ; *Orat. post red. ad Quir.*, 6, 14.

[2] Cie., *Pro Sestio*, 17 et 18.

[3] Dion, 38, 13 ; Cie., *Pro domo*, 25, 66.

[4] Cie., *In Pis.*, 4, 9 ; *De Harusp. resp.*, 27, 58.

[5] Ascon., p. 9.

[6] Mommsen, *De colleg. et sodal. roman.*, 73-78.

agent docile des triumvirs, comme ceux-ci l'avaient espéré, il prétendit travailler pour son propre compte, et cette ambition n'avait rien que de légitime. Puisque la force désormais décidait tout, et que le pouvoir était la proie non dé ceux qui en étaient dignes, mais de ceux qui étaient en état de le prendre, il n'y avait aucune témérité de la part de Clodius à le convoiter ; car nul n'était capable alors de tenir tête à ses bandes. Pompée n'avait pour le moment à lui opposer qu'une sorte d'autorité morale, et s'il enrôlait à son torr des gladiateurs, des misérables, des vauriens, il n'était pas certain de réunir une troupe aussi nombreuse et aussi dévouée que celle de son adversaire. Clodius en tout cas ne le redoutait guère, et il n'hésita pas à engager le premier les hostilités. Pompée avait emmené d'Asie le fils de Tigrane, roi d'Arménie, et la présence de ce jeune homme à Rome était un gage de la soumission de son père ; Clodius, pour une somme d'argent, le fit évader[1]. Il cita en justice quelques amis de Pompée, afin de voir si le crédit de leur protecteur pourrait les sauver[2]. Enfin, le 11 août 51, un de ses esclaves fut arrêté, avec un poignard à la main, devant la curie, et il avoua que son maître lui avait ordonné de tuer Pompée[3]. Ces violences étaient loin de déplaire au sénat ; car elles mettaient Pompée dans l'embarras, et c'est à lui surtout qu'on en voulait[4]. On se réjouissait de le voir aux prises avec cette démagogie, dont il avait préféré l'alliance à celle de l'aristocratie ; on applaudissait à son impuissance, on riait de ses mécomptes, et on espérait que les ennemis de la république se détruiraient les uns par les autres.

Pompée devina sans peine qu'à lutter contre Clodius avec les armes dont celui-ci faisait usage il n'aurait jamais le dessus. La guerre des rues n'était pas son fait, et, après quelques vaines tentatives, il n'osa plus s'aventurer sur le terrain de son rival. Il avait d'ailleurs le tort de conserver jusque dans son rôle de démocrate ses habitudes de grand seigneur, sa fatuité, ses dédains, tandis que Clodius ne manquait pas une occasion de flatter la foule. Pour avoir raison de lui, Pompée changea de politique, et, sans rompre avec César, il songea à se rapprocher du sénat. Il savait que le meilleur moyen de lui plaire était de rappeler Cicéron, et de réparer ainsi une injustice que tous les honnêtes gens avaient déplorée[5]. Il écrivit à César, il lui envoya même P. Sestius, tribun désigné, pour le consulter à ce sujet, et il paraît que la réponse fut favorable[6]. César, en effet, n'avait aucun grief personnel contre Cicéron ; il n'avait à lui reprocher que l'ardeur de ses sentiments républicains ; mais il pensait que l'exil l'aurait rendu plus sage ; on eut d'ailleurs la précaution d'exiger de lui la promesse qu'il resterait désormais tranquille[7]. Son retour, loin d'être un danger pour les triumvirs, semblait leur offrir quelques avantages. Clodius décidément s'émancipait un peu trop ; l'ambition l'égarait au point qu'il avait l'audace d'attaquer les lois juliennes, et de soutenir, à l'exemple de Bibulus, qu'elles

---

1 Dion, 38, 30.

2 Plut., *Pompée*, 48.

3 Plut., *Pompée*, 49 ; Ascon., 47.

4 Mommsen, *H. R.*, VII, 119.

5 Cicéron avait été exilé pour avoir mis à mort sans jugement les complices de Catilina (Plut., *Cicéron*, 30 ; App., *De b. c.*, II, 15). Il est vrai que sa responsabilité avait été dégagée par un sénatus-consulte qui lui ordonnait cette exécution ; mais Clodius prétendit que ce sénatus-consulte était faux (Cie., *Pro domo*, 19, 50). Quand on vit que Cicéron allait être frappé, le sénat et les chevaliers prirent le deuil (Plut., 31 ; Cie., *In Pis.*, 8).

6 *Ad Att.*, III, 18, 1 ; *Ad fam.*, I, 9, 9 ; *Pro Sestio*, 33, 71.

7 *Ad fam.*, I, 9, 9.

étaient nulles[1]. Il était nécessaire d'abattre sa présomption et de lui montrer qu'il n'était pas le maître. Or rien n'était plus propre à l'humilier que de ramener à Rome celui qu'il avait été si fier d'en chasser. César n'avait donc aucun motif sérieux pour repousser la proposition de Pompée, et il l'accepta. Il est vrai que Clodius et son frère, le préteur Appius, empêchèrent, en octobre 58, le vote de la loi qui concernait Cicéron[2]. Mais, le 1er janvier 57, le consul P. Cornelius Lentulus soumit de nouveau l'affaire au sénat ; elle fut ensuite portée devant le peuple le 23 janvier. Clodius n'était plus tribun ; néanmoins il avait encore toute la puissance que lui donnaient ses bandes. Des scènes sanglantes eurent lieu au forum ; le tribun Q. Fabricius, qui s'y était installé avant le jour, en fut expulsé ; l'un des consuls eut ses faisceaux brisés ; P. Sestius fut laissé pour mort ; Q. Cicéron dut se cacher ; Pompée fut menacé ; le Tibre, les égouts, furent remplis de cadavres, et il fallut ajourner la délibération[3]. On chargea alors Milon et Sestius, dès qu'il fut rétabli, d'organiser une troupe capable de tenir en respect celle de Clodius[4] ; on fit venir des citoyens de l'Italie entière[5] ; on déclara ennemi public quiconque ferait obstacle au retour de l'exilé[6], enfin la loi qui ouvrit à Cicéron les portes de Rome fut adoptée le 4 août[7]. Il partit de Brindes vers le 9 août, et c'est au milieu de la joie et des félicitations de toute l'Italie qu'il fit son voyage ; le sénat alla à sa rencontre hors de la ville ; quand il entra dans Rome, une immense acclamation retentit et une foule innombrable l'accompagna au Capitole (4 septembre)[8]. On conçoit combien dut être vive sa reconnaissance pour ceux à qui il était redevable d'un pareil triomphe[9].

Il s'empressa de témoigner à Pompée sa gratitude. Rome souffrait de la disette ; le trésor était appauvri ; la piraterie infestait de nouveau la Méditerranée, et le service des approvisionnements était désorganisé comme tous les autres ; il n'arrivait plus de blé du dehors et le pain coûtait fort cher[10]. Le 6 septembre il y eut une sorte d'émeute devant la curie. La populace affamée, et en outre excitée par Clodius, qui rejetait tout le mal sur Pompée et Cicéron[11], proféra des menaces et des cris de mort. Le sénat décida de nommer un magistrat extraordinaire qui serait chargé de pourvoir à l'alimentation de la ville. Cicéron proposa aussitôt Pompée, qu'il savait désireux d'exercer un grand commandement, et il employa toutes les ressources de son talent à défendre cette motion, qui fut adoptée sans peine. Sur l'ordre du sénat, les consuls présentèrent au peuple une loi qui confiait à Pompée, pour une période de cinq ans, la *potestas frumentaria* dans toute l'étendue de l'empire ; des sommes considérables lui étaient allouées ; il pouvait choisir quinze lieutenants ; il avait

---

[1] Cie., *De domo*, 15, 40 ; *De Harusp. resp.*, 23, 48.

[2] *Pro Sestio*, 32 ; *Ad Att.*, III, 23. *Hist. de César*, II, 360.

[3] *In Pis.*, 15, 34 ; *Pro Sestio*, 34 et 35 ; *Pro domo*, 27, 70 ; *Orat. post redit. ad Quir.*, 6, 14 ; *In sen.*, 3, 7.

[4] *Pro Sestio*, 39 ; Dion, 39, 8 ; Plut., *Cicéron*, 33 ; Cie., *De off.*, II, 17, 58.

[5] *Orat. post red, in sen.*, 9, 24 et 11, 28 ; *De domo*, 28, 75 ; *In Pis.*, 15, 34.

[6] *Orat. post red. in sen.*, 11, 27.

[7] *Ad Att.*, IV, 1, 4. Pompée prit la parole devant le peuple en faveur de la loi (*Orat. ad Quir.*, 7).

[8] Plut., *Cicéron*, 33 ; Cie., *Orat. in sen.*, 15, 39 ; *De domo*, 28 ; *In Pis.*, 22 ; *Ad Att.*, IV, 1, 5.

[9] Voir l'expression de sa gratitude pour Pompée dans *Orat. post red. in sen.*, 3, 5 et 11, 29.

[10] Mommsen, *H. R.*, VII, 135.

[11] Cie., *De domo*, 5, 11 ; *Ad Att.*, IV, 1, 6.

la surveillance de tous les ports et de tous les marchés ; il était, selon l'expression de Plutarque, le maître absolu de la navigation et de l'agriculture du monde entier (*Pompée*, 49). Un tribun, C. Messius, inspiré sans doute par Pompée, demanda qu'il fût libre de puiser à sa fantaisie dans les caisses de l'État, qu'il eût une flotte et une armée, et que dans chaque province son autorité fût supérieure à celle du proconsul ou du préteur en fonctions : c'était réclamer pour lui la domination universelle. Cicéron trouva que Messius allait trop loin ; Crassus sentit renaître son ancienne jalousie ; les amis de César refusèrent de prêter les mains au succès d'une combinaison qui aurait subordonné le proconsul des Gaules à Pompée ; enfin Pompée lui-même par sa maladresse nuisit plus que personne à ses propres intérêts ; au lieu de formuler nettement ses prétentions, il déclara qu'il se contentait du projet des consuls, laissant à ses familiers le soin de dire qu'il préférait celui de Messius[1]. Cette duplicité n'eut pas le résultat qu'il en attendait, et ce fut la proposition la plus modérée qui passa.

Le service que Cicéron rendit à Pompée dans cette circonstance est le premier effort que fit le grand orateur pour le détacher de César et l'unir étroitement au parti sénatorial. On se figure volontiers qu'il était revenu d'exil découragé et résolu à ne plus se compromettre[2]. Les textes nous le montrent sous un jour bien différent. Si les lettres qu'il écrivait de Thessalie étaient tristes et désespérées, les discours qu'il prononça devant le sénat et devant le peuple après son retour furent pleins d'ardeur et de confiance[3]. L'accueil magnifique qu'il avait reçu depuis Brindes jusqu'à Rome l'avait profondément touché, et cet esprit mobile, aussi prompt à l'enthousiasme qu'à l'abattement, se fit illusion sur le caractère des manifestations dont il avait été l'objet. Il crut qu'elles s'adressaient à la république autant qu'à sa personne, et il s'imagina que la plupart de ceux qui l'avaient acclamé étaient prêts à défendre la constitution menacée. Dés lors, il n'eut qu'une pensée : rétablir l'union du sénat et des chevaliers, grouper autour d'eux tous les citoyens qui ne voulaient point de révolution, former ainsi un parti dont le programme fût assez large pour lui permettre de comprendre les diverses classes de sa société, et faire face d'une part aux anarchistes tels que Clodius, de l'autre aux ambitieux tels que César. Qu'il ait réellement conçu un projet semblable, c'est ce qui résulte nettement du *Pro Sestio*, qui est, comme on sait, du 11 mars 56. Ce discours nous paraît avoir, à ce point de vue, une importance sérieuse, et il ne sera pas superflu de nous y arrêter un moment[4]. De tout temps, dit Cicéron, il y a eu dans Rome des *optimates* et des *populares*. Pour être rangé parmi les *optimates* il n'est pas nécessaire d'être noble, il suffit d'être honnête et de vouloir conserver les institutions actuelles. Or qui empêche qu'un plébéien, qu'un affranchi même ait de telles idées ? Quant aux *populares*, ce sont le plus souvent des hommes qui par nature aiment les troubles et la discorde, ou qui considèrent les révolutions comme un moyen, soit de refaire leur fortune, soit d'échapper au châtiment que méritent leurs crimes. Ces gens-là ont aujourd'hui peu d'influence, car le peuple est avide surtout de paix et de tranquillité. Il n'est nullement hostile aux nobles ; combien de fois n'a-t-il pas préféré leurs conseils à ceux des agitateurs ! Il est attaché à la constitution qui a fait de Rome ce qu'elle est ; où trouver en effet une république mieux organisée que la nôtre avec ses deux magistrats annuels,

---

1 Toute cette affaire est clairement exposée par Cicéron (*Ad Att.*, IV, 1).
2 Boissier, *Cicéron et ses amis*, 227 (3e édit.).
3 Cic., *Orat. post red. in sen.*, 14, 36 ; *Ad Quir.*, 8.
4 *Pro Sestio*, 44-69, V. surtout 45, 46, 49, 50, 65, 66, 67, 68.

avec son sénat ouvert à quiconque est digne d'y entrer, avec les garanties qu'elle assure aux intérêts du peuple t Ces avantages, la foule les apprécie comme la noblesse, si bien qu'en réalité l'accord est complet entre les différents ordres de l'État. Sauf quelques rares exceptions, tous les citoyens sont unanimes sur ce point qu'il faut maintenir la république et la constitution ; les assemblées du forum, les comices, les jeux en fournissent la preuve, chaque fois que le peuple est libre d'y manifester ses véritables sentiments. Ce n'est pas à dire que tout aille pour le mieux et qu'il n'y ait aucun danger à redouter. Les démagogues suppléent au nombre par l'audace ; ne pouvant gagner des partisans, ils en achètent ; leur moyen habituel de propagande est la corruption et leur moyen habituel d'action la violence ; comme ils n'ont rien à risquer ni rien à perdre, ils n'éprouvent jamais la moindre hésitation, et chez eux l'esprit de discipline est plus fort que chez leurs adversaires. C'est un devoir impérieux pour nous, ajoute Cicéron, de lutter contre eux avec l'énergie dont nos ancêtres nous ont donné l'exemple. Aimons la patrie, obéissons au sénat, écoutons les avis des meilleurs d'entre nous ; tachons que notre conduite soit toujours conforme aux prescriptions de la vertu ; ayons confiance dans le succès de notre cause et soyons prêts à affronter tous les maux que le sort nous enverra. Cet appel à la concorde, cet éloge de la constitution, cette déférence envers le sénat, ces efforts pour démontrer que les citoyens honnêtes s'entendent au fond mieux qu'ils ne pensent, indiquent assez le but que poursuivait alors Cicéron. Il était persuadé comme en 63 que la république ne serait sauvée que par l'union intime des partis modérés, et il voulait lui ménager cette dernière chance de salut. Une coalition pareille avait besoin d'un chef qui pût être un général d'armée, car César commandait plusieurs légions, et de sa part tout était à craindre. Cicéron destinait probablement ce rôle à Pompée. Les louanges qu'il lui décerne dans chacun de ses discours, le soin qu'il met à rappeler sans cesse ses qualités au public en les exagérant[1], semblent autoriser cette conjecture. D'ailleurs personne, en dehors de Pompée, n'était capable de prendre en main la défense de la constitution. Pompée seul paraissait au niveau de cette tâche ; il avait un grand renom militaire, l'éclat de ses campagnes d'Orient n'avait pas encore été éclipsé par les victoires de César, et ses inclinations naturelles se portaient vers l'aristocratie. Le rattacher au parti sénatorial c'était procurer à celui-ci l'appui d'une épée jusqu'à présent invincible ; c'était aussi dissoudre le triumvirat et réduire César à l'impuissance. Il exit été par conséquent d'une bonne politique d'amener Pompée à croire qu'il serait plus avantageux et plus glorieux pour lui d'être le champion de la république que son ennemi. Sans doute il faudrait payer ses services ; mais on savait qu'il ne serait pas trop difficile à satisfaire. Son ambition avait des limites ; il tenait moins au pouvoir lui-même qu'aux apparences du pouvoir ; il voulait qu'on le reconnût comme le premier personnage de Rome ; mais il ne réclamait pas le gouvernement tout entier de l'État, et il n'était pas homme à dépouiller le sénat de toute autorité[2]. César était bien autrement redoutable ; s'il triomphait, la république était perdue. Il était donc prudent de rechercher, même au prix de quelques sacrifices, la protection du seul citoyen qui semblât être en situation de balancer son influence dans Rome et de le vaincre sur les champs de bataille. Cicéron était bien pénétré de

---

1 Cie., *Or. ad Quir.*, 7 ; *De domo*, 15, 25 et suiv. ; *Pro Sestio*, 31, 67.
2 Pompée n'avait pas la hardiesse nécessaire pour faire un coup d'État et renverser la république. A deux reprises différentes, en 71 et en 60, il s'était trouvé à la tête d'une armée victorieuse qui lui permettait de devenir le maître, et chaque fois il avait licencié ses troupes.

cette nécessité, et c'est pour ce motif qu'il avait fait conférer à Pompée la charge de nourrir la populace. Mais tout le monde ne fut pas aussi clairvoyant que lui.

Les chevaliers étaient en général indifférents aux questions politiques. Ils n'avaient aucune préférence théorique pour la monarchie ou pour la république, et en principe ils n'étaient pas plus favorables à César qu'à Pompée. Uniquement préoccupés de leurs intérêts matériels, ils étaient prêts à défendre tout régime qui les enrichirait, fût-ce la dictature. Si à l'époque de la conjuration de Catilina ils s'étaient alliés avec le sénat et avec Cicéron, ce n'était point par amour pour l'aristocratie ni par dévouement à la constitution ; c'était seulement parce que la démagogie menaçait leurs fortunes. Cette coalition n'avait pas duré plus longtemps que l'occasion qui l'avait fait naître[1], et il n'y avait pas de motif pour qu'elle se reformât. Clodius ne pouvait guère inspirer de craintes sérieuses aux chevaliers, surtout depuis le désaveu indirect que les triumvirs lui avaient infligé en autorisant le retour de Cicéron. César les effrayait encore moins ; ils n'avaient aucun grief contre lui ; pendant son consulat, ils n'avaient eu qu'à se louer de sa bienveillance ; et à l'heure présente ils le voyaient avec plaisir travailler à la conquête d'un pays où ils espéraient trouver, dans un avenir peut-être rapproché, une vaste champ ouvert à leurs spéculations commerciales et financières. Quelle que fût leur reconnaissance envers Cicéron qui les avait sauvés en 63 et envers Pompée qui leur avait rendu en Asie de grands services, il ne fallait pas croire qu'ils fussent d'humeur à se déclarer brusquement les ennemis de César, sous prétexte que les nobles avaient peur de lui.

Le sénat, étant une assemblée purement politique, considérait les événements d'un autre point de vue que l'ordre équestre. Mais là aussi on comptait beaucoup d'individus qui par indolence ou par système n'avaient point d'opinion. L'essentiel pour eux était de vivre en paix et de jouir de leurs richesses. Peu leur importe que la république périsse, disait Cicéron, pourvu qu'on ne touche pas à leurs viviers[2]. Soit qu'ils fussent égoïstes par nature, soit que les malheurs des temps les eussent découragés, soit enfin que l'étude de la philosophie d'Epicure les eût convertis[3], ils se tenaient à l'écart, parlaient peu en public, agissaient moins encore, évitaient de se compromettre avec aucun parti, et tâchaient de fermer l'oreille aux bruits du forum et de la curie. Ceux-là n'étaient pas les plus dangereux, car, s'ils étaient inutiles à la cause de la république, ils ne faisaient rien pour lui nuire. Les sénateurs amis de César n'étaient pas aussi inoffensifs. Il est d'usage que dans tout corps délibérant les gens médiocres se placent sous la direction de quelque personnage considérable dont ils suivent scrupuleusement les avis et l'exemple. A Rome il en était comme dans les Etats modernes. César disposait dans le sénat d'un certain nombre de voix par cela seul qu'il était noble, riche, éloquent. D'autres se groupaient autour de lui pour mériter sa protection et pour s'élever de la sorte à la préture, au tribunat, ou au consulat. Il en est même qu'il enchaînait à sa cause en leur donnant ou en leur prêtant de l'argent[4]. Sa libéralité n'avait point de bornes, et, pendant son gouvernement, il consacra presque toute sa fortune, sans cesse alimentée par la guerre, à gagner l'appui ou la neutralité des citoyens les plus influents. Son absence n'eut pas pour effet de refroidir le zèle de ses admirateurs et de ses créatures, car il avait laissé à Rome des agents dévoués qui maintenaient la discipline dans son parti. La coterie

---

[1] Cie., *Ad Att.*, I, 17, 9 ; I, 19, 6.
[2] Cie., *Ad Att.*, I, 18, 6 ; II, 1, 7.
[3] V. Martha, le *Poème de Lucrèce* et dans l'ouvrage de M. Boissier l'étude sur Atticus.
[4] Mommsen, *H. R.*, VII, 131.

césarienne n'offrait donc aucune prise aux intrigues de Cicéron. Celle de Crassus était moins puissante peut-être ; mais elle était aussi fidèle à son chef, qui n'avait lui-même aucun sentiment d'hostilité contre César.

Les plus fermes défenseurs de la constitution étaient ces conservateurs que l'on désigne parfois sous le nom de Catoniens. Ils avaient des principes solides à une époque oh les hommes n'étaient guidés que par l'intérêt. Ils étaient très soucieux de la légalité qui, dans leur esprit, se confondait toujours avec l'équité. Ils répugnaient en général aux innovations, non seulement par respect pour le passé, mais encore parce qu'ils pensaient que l'organisation actuelle de la cité était le dernier mot de la sagesse humaine. Ils croyaient que les destinées de Rome et celles de la république étaient étroitement liées ensemble, et ils avaient autant de haine pour leurs adversaires que pour les ennemis de 1a patrie. Mais ils avaient aussi le grave défaut d'être dépourvus d'esprit politique. Cicéron disait de Caton : Il a de l'énergie et il est honnête ; le malheur est qu'il manque de bon sens et d'habileté (*Ad Att.*, I, 18, 7). Cette critique s'applique au groupe tout entier. Les Catoniens écoutaient plutôt la voix du devoir que les conseils de la prudence. Ils avaient tellement confiance dans la justice de leur cause, qu'ils se faisaient souvent d'étranges illusions. Ils poussaient jusqu'à l'excès la plupart de leurs qualités : chez eux la vigueur du caractère dégénérait en raideur, la franchise en naïveté, l'ardeur des convictions en fanatisme, le courage en témérité. Ils n'avaient pas assez de souplesse pour comprendre le mérite du plan conçu par Cicéron, ni surtout pour y adhérer. Ils désiraient affaiblir César, mais non en fortifiant Pompée. Ils ignoraient la tactique qui consiste à faire un pas en arrière pour en faire deux en avant. Ils avaient encore un autre travers. Qu'ils fussent patriciens ou plébéiens, ils appartenaient presque tous à des familles illustres, et ils affectaient à l'égard des parvenus une morgue qui n'était point du goût de Cicéron. Il leur déplaisait que cet homme nouveau fût leur égal par les honneurs et qu'il fût au-dessus d'eux par le talent ; ils étaient jaloux de sa gloire, et son retour triomphal les avait froissés[1]. Ils se rappelaient que ses premiers succès oratoires avaient été remportés aux dépens de l'aristocratie, -et ils s'obstinaient à voir en lui l'avocat de l'ordre équestre plutôt que le champion de la noblesse. Dans ces conditions, il n'était guère possible à Cicéron de compter sur leur appui. Abandonné par ceux qui auraient dû être les plus empressés à le seconder, il ne lui restait plus que l'espoir de convertir à ses idées d'une part ses amis personnels, de l'autre les partisans de Pompée. Mais ce n'était là qu'une petite minorité. Sa tentative échoua donc par l'effet de l'indiscipline du sénat. Il eut beau conjurer ses collègues d'oublier leurs discordes et de s'unir ensemble pour sauver la république[2] ; sa parole se perdit dans le tumulte des passions, des opinions et des intérêts contraires qui divisaient l'assemblée.

Les constitutionnels eurent en 56 l'occasion de témoigner à Pompée leur sympathie et de conclure une alliance avec lui. Ptolémée XII Aulète avait été chassé d'Égypte par ses sujets, mécontents de la lourdeur des impôts, et il était venu à Rome dans l'espoir que le sénat l'aiderait à rentrer en possession de son royaume[3]. Pour se faire des amis, il eut recours à la corruption, il distribua l'argent à pleines mains, et comme ses ressources ne suffisaient pas, il emprunta[4]. Pompée convoitait le commandement de l'armée qui serait chargée

---

1 Cie., *Ad Att.*, IV, 2, 5.
2 Cie., *De Harusp. resp.*, 28.
3 Dion, 39, 12.
4 Cie., *Ad fam.*, I, 1, 1 ; *Pro Rabirio posthumo*, 2.

de restaurer le prince déchu. Il avait logé Ptolémée dans sa propre maison, et il se déclarait hautement son protecteur. Mais, fidèle à ses habitudes de dissimulation, il n'osait pas réclamer ouvertement la mission qu'il avait à cœur d'obtenir[1]. L'Égypte était alors un des plus riches pays du monde, et elle contribuait à approvisionner Rome de blé[2]. A ce double titre, il semblait dangereux d'y laisser pénétrer un envoyé de la république escorté d'une flotte et d'un corps de troupes[3]. De quoi ne serait point capable un ambitieux qui aurait à sa disposition l'opulent trésor des rois Lagides et le grenier de Rome ? On consulta les livres sibyllins, et on y trouva la réponse qu'on y cherchait. L'oracle interdisait l'emploi de la force pour le cas où il faudrait ramener un roi en Égypte[4]. Pompée n'en persista pas moins à désirer que cet honneur lui fût confié. Mais on lui suscita plusieurs compétiteurs. Hortensius mit en avant le nom de Lentulus, proconsul de Cilicie ; Bibulus demanda qu'Aulète fût accompagné à Alexandrie par trois commissaires, et de délai en délai l'affaire demeura en suspens[5]. Ce fut là pour Pompée un échec grave, et il en éprouva un vif ressentiment. Il avait vu dans ce débat le sénat presque entier contre lui. Crassus, malgré le pacte de l'année 60, était resté son rival ; et cette fois sa jalousie avait été accrue par l'importance du commandement que briguait son adversaire[6]. On ne sait pas quelle fut la conduite des Césariens ; mais il est probable qu'ils ne déployèrent pas un grand zèle en faveur de Pompée[7]. Les Catoniens furent, comme toujours, les plus ardents. Ils étaient en général hostiles à toute mission extraordinaire[8], et ils n'étaient pas hommes à faire fléchir la rigueur de leurs principes pour de simples motifs d'opportunité. Ils avaient d'ailleurs des griefs sérieux contre Pompée, à qui ils reprochaient d'avoir en plusieurs circonstances trahi la cause de la noblesse, et la rancune chez eux était souvent plus forte que la raison. Ils ne comprirent pas que son ambition était au fond très inoffensive, qu'il n'y avait pas en lui l'étoffe d'un tyran, qu'à ses yeux l'expédition d'Égypte était plutôt une occasion de parader en Orient qu'un moyen d'asservir sa patrie, qu'elle le rendrait peut-être plus vain mais non plus redoutable, et qu'en somme c'était acheter à peu de frais son amitié, si utile en ce moment, que de l'acquérir au prix d'une semblable concession. Ils mirent un véritable acharnement à combattre ses prétentions, et elles furent repoussées.

Tandis que le sénat irritait ainsi son dépit, Pompée se voyait bafouer par la populace. Clodius avait été élu édile en janvier 57, et aussitôt il avait déposé une

---

1 *Ad Q. fr.*, II, 2, 3 ; *Ad fam.*, I, 2, 3.
2 *Les revenus de la couronne d'Alexandrie égalaient à peu près ceux du fisc romain* (Mommsen, *H. R.*, VI, 310).
3 De 81 à 56, Rome eut plusieurs occasions de mettre la main sur l'Égypte ; jamais elle n'en voulut profiter. Cie., *De lege agr.*, II, 16 ; Plut., *Crassus*, 13 ; Suét., 11 ; App., *De b. Mithr.*, 114.
4 Dion, 39, 15 ; Cie., *Ad fam.*, I, 7, 4.
5 Cie., *Ad fam.*, I, 2.
6 *Hist. de César*, II, 374, note 4.
7 L'intérêt de César dans cette affaire était évidemment que Pompée ne tilt pas envoyé en Égypte ; d'abord parce que celui-ci aurait trouvé dans cette expédition une occasion d'accroître sa puissance ; en second lieu, parce qu'une telle concession aurait eu pour effet de le gagner à la cause du sénat. Il n'est pas probable cependant que les Césariens aient combattu ouvertement Pompée ; ils se contentèrent fide ne point l'appuyer ; et s'ils agirent contre lui, ce fut en secret.
8 Cie., *Pro Sestio*, 28, 60.

plainte contre Milon pour cause de violence. A cet égard, ils n'avaient rien à s'envier l'un à l'autre ; car ils étaient tous deux chefs de bandes. Il n'y avait entre eux qu'une différence : Clodius servait la démagogie, au lieu que Milon trouvait avantage à défendre les conservateurs. Pompée, par haine pour le premier plutôt que par sympathie pour le second, prêta à l'accusé l'appui de sa parole. Mais à peine eut-il ouvert la bouche que les bandes de Clodius s'efforcèrent d'étouffer sa voix : on ne se contenta pas de pousser des cris confus, on lui jeta à la face des injures et des moqueries. Quel est l'homme, disait Clodius, qui fait mourir la plèbe de faim ? — C'est Pompée, répondaient ses compères. — Qui voudrait aller à Alexandrie ? — Pompée. — Qui faut-il y envoyer ? — Crassus. Pompée tint tête à l'orage ; il prononça son discours jusqu'au bout, malgré le bruit et les interruptions ; il réussit même par moments à imposer le silence ; ses partisans rendirent insulte pour insulte, et l'on finit par en venir aux mains. Le surlendemain, le sénat, par un décret spécial, déclara que ces désordres étaient contraires au bien de la république ; niais C. Caton profita de la circonstance pour attaquer Pompée avec une extrême vivacité. Pompée répliqua, et il montra par son langage combien il était aigri ; il alla jusqu'à dire qu'un complot était formé contre sa vie, mais qu'il saurait veiller à sa propre sûreté mieux que n'avait fait jadis Scipion l'Africain. Ses craintes, pour n'être pas fondées, étaient néanmoins très sincères ; il se croyait entouré d'ennemis. Dans sa pensée, Caton, Crassus, Clodius, Bibulus, Curion s'entendaient tous contre lui, et il les jugeait capables d'un crime[1].

Voilà donc à quelle triste condition était -réduit un homme qui naguère était si populaire et si puissant. La noblesse le détestait, le sénat lui était hostile, et la foule le tournait en ridicule. Il lui fallait, pour se protéger, appeler des gens de la campagne et en faire ses gardes du corps ; il avait essayé de sortir légalement de son inaction ; on lui en avait ôté les moyens. César, au contraire, se couvrait de gloire dans la Gaule ; il avait déjà vaincu les Helvètes, refoulé Arioviste en Germanie, conquis la Belgique, et, en récompense, le sénat, par une générosité dont il n'y avait pas jusqu'ici d'exemple, avait décidé qu'il y aurait quinze jours d'actions de grâces[2]. Pompée sans doute en fut jaloux ; mais il vit qu'il ne gagnerait, rien à nourrir des sentiments d'hostilité contre lui. Il songea plutôt à remettre en vigueur le pacte qu'il avait formé avec les deux autres triumvirs, mais en stipulant cette fois pour lui-même des avantages certains et immédiats. Or il se trouva qu'à ce moment César eut besoin du concours de Pompée comme Pompée avait besoin de celui de César.

Il existait dans le sénat un parti qui s'obstinait à contester la légalité de toutes les mesures prises en 59. Une tentative avait été faite dés les premiers mois de 58 pour les abolir ; elle avait échoué. Les Catoniens n'en continuèrent pas moins à les regarder comme nulles, et ils attendirent une occasion de les abroger. Dans les premiers temps qui suivirent le départ de César ils ne bougèrent pas. Le plus hardi d'entre eux, Caton, était en Orient ; l'union des triumvirs était encore intacte ; Clodius était tribun, et une sorte de terreur planait sur la curie et le forum. Mais quand on fut revenu de la stupeur causée par les violences de l'année 59 et que la discorde se fut glissée parmi les ennemis de la république, les attaques contre les lois juliennes recommencèrent. Au mois de décembre 57, le tribun Rutilius Lupus demanda que l'on suspendît l'exécution de la loi agraire de César et la distribution des terres de Campanie. Cette motion, quand elle fut

---

1 Tous ces faits sont racontés en détail par Cicéron (*Ad Q. fr.*, II, 3).
2 César, *De b. g.*, II, 35 ; Cie., *De Prov. cons.*, 10, 25.

présentée au sénat, ne provoqua aucune objection. Il est vrai qu'elle ne fut pas non plus approuvée par l'assemblée, et c'est au milieu d'un profond silence que Lupus la développa. Mais ce silence même était un symptôme grave. La majorité évidemment était indécise, ou plutôt elle n'osait pas manifester ses sentiments à l'égard de César, par crainte de l'irriter. Pour se tirer d'embarras, elle résolut de ne statuer qu'après avoir entendu Pompée, alors absent[1]. La question fut de nouveau agitée le 5 avril 56, et il parait que la discussion fut très orageuse. On se serait cru, dit un témoin oculaire, en plein forum.

Elle fut encore ajournée, et renvoyée, sur l'avis de , Cicéron, au 15 mai[2]. Vers la même époque, le préteur L. Domitius Ahenobarbus insista pour qu'on rappelât César immédiatement ; il se fondait sur l'illégalité du plébiscite vatinien. Ses efforts furent vains, tant était délicate l'affaire qu'il avait soulevée i Retirer à César son commandement, c'était le contraindre à la désobéissance et peut-être à la guerre civile. Il était naturel que le sénat hésitât à affronter un pareil danger. Mais Domitius déclara qu'il briguerait le consulat pour l'année suivante, et qu'en 55 il reviendrait à la charge avec toute l'autorité que lui donneraient ses hautes fonctions[3]. Or son immense fortune rendait fort probable son succès dans les prochains comices. Ces manœuvres inspirèrent une certaine inquiétude à César. Il connaissait assez ses adversaires pour savoir qu'ils ne s'en tiendraient pas à la menace et qu'ils ne négligeraient aucun moyen de le perdre. Sans doute le sénat ne semblait pas jusqu'ici partager leur animosité ; mais au cas où il serait impossible de l'entraîner, n'avait-on pas la ressource de s'adresser au peuple et de lui arracher par les procédés habituels un vote de surprise ? Ainsi César n'avait pas de garanties suffisantes contre ses ennemis, et il voyait leur audace grandir chaque jour avec leurs forces. Pour ruiner d'avance leurs projets, il songea à renouveler, en le consolidant, le pacte de l'année 60. L'alliance conclue entre les triumvirs n'avait pas été rompue, mais elle s'était bien relâchée, et elle ne subsistait plus que de nom. Une sourde rivalité divisait Crassus et Pompée, et tous deux portaient envie à César, devenu au moins leur égal. Mais la similitude de leurs intérêts actuels les rapprocha, et les conférences de Lucques eurent pour effet de rétablir l'ancienne coalition (avril 56).

Les négociations qui précédèrent cette entrevue furent tenues secrètes. Pompée était déjà sorti de Rome que Cicéron ne se doutait encore de rien[4]. La présence de César à Lucques n'était point faite pour éveiller les soupçons ; car il était déjà venu dans la Cisalpine en 57[5]. Crassus se rendit le premier auprès de lui, et Pompée le suivit à quelques jours d'intervalle, sous prétexte d'aller en Sardaigne, où l'appelait, disait-il, le soin des approvisionnements[6]. Une foule nombreuse de solliciteurs, de curieux et de courtisans prit le même chemin. Parmi eux se trouvaient des sénateurs, des préteurs et des proconsuls ; on vit un jour, à la porte de César, cent vingt faisceaux de licteurs[7]. Les pourparlers ne furent pas longs, et les triumvirs tombèrent aisément d'accord.

---

1 Cie., *Ad Q. fr.*, II, 1, 1.
2 Cie., *Ad Q. fr.*, II, 5, 1 ; *Ad fam.*, I, 9, 8.
3 Suét., 24.
4 Cie., *Ad Q. fr.*, II, 5, 3.
5 César, *De b. g.*, I, 54.
6 Cie., *Ad Q. fr.*, *l. c.*
7 Plut., *César*, 24 ; Pompée, 51 ; Dion, 99, 25 ; App., II, 17. Cf. *Hist. de César*, II, 380, note 2.

Tout démontre, dit Mommsen, que cet arrangement ne fut pas un simple compromis entre hommes également puissants et luttant à armes égales. Pompée, à Lucques, était dans la position d'un fugitif déchu du faîte de la puissance et qui vient implorer l'aide de son rival. Que César le repoussât en déclarant la coalition dissoute ou qu'en l'accueillant il laissât leur alliance vivre dans les conditions actuelles, dans l'un et l'autre cas Pompée était perdu. Si alors il ne rompait pas avec César, il n'était plus que le client de son associé ; s'il se séparait de lui pour se rapprocher de l'aristocratie, un tel pacte, contraint et forcé, et conclu à la dernière heure, n'avait rien qui dût effrayer César[1]. Il suit de là, dans la pensée de Mommsen, que César était libre de ne point faire de concessions à Pompée, et que, s'il lui en fit, ce fut de son plein gré. Cette appréciation est quelque peu inexacte, et il importe de la rectifier. Pompée, au mois d'avril 56, était dans un état d'abaissement qui lui ôtait le droit de formuler de vastes prétentions. Mais César, de son côté, était menacé par des dangers sérieux. Il avait à Rome beaucoup d'ennemis acharnés à sa ruine, et ceux-ci épiaient le moment où ils pourraient le frapper sûrement. Ils savaient que cette occasion s'offrirait au plus tard en 53, quand César quitterait la Gaule après les cinq années de son gouvernement provincial. On se proposait de le citer alors en justice et de lui demander un compte sévère des illégalités qui avaient marqué son consulat. Quelques-uns, plus impatients, se fondaient sur ces illégalités mêmes pour soutenir la nécessité de lui enlever sans délai son commandement, et il était à craindre que leurs manœuvres ne finissent par réussir, bien que la majorité du sénat les désapprouvât. Or, si César était rappelé avant le terme fixé par la loi Vatinia, une guerre civile était inévitable ; car il n'était guère d'humeur à se laisser dépouiller par ses adversaires. Dans ce cas, il lui fallait renoncer à la conquête de la Gaule, ce qui eût été un rude sacrifice pour son ambition et pour son patriotisme[2]. D'ailleurs, il n'était pas encore sûr de ses troupes ; ses plus anciens soldats ne combattaient sous lui que depuis deux ans, et les autres étaient enrôlés depuis peu[3]. Il n'avait eu ni le temps ni l'occasion de s'assurer leur dévouement, et la plupart d'entre eux ne le connaissaient pas assez pour servir docilement tous ses projets. En cas de guerre, il était probable que le sénat se hâterait de solliciter le secours de Pompée. Or Pompée avait un renom militaire plus grand que celui de son rival, et il pouvait, tant par le prestige de ses victoires passées que par le souvenir des largesses qui les avaient suivies, gagner à la cause de la république de nombreux défenseurs. César, sans doute, fit toutes ces réflexions, et il comprit qu'il était plus sage de fortifier son alliance avec Pompée que de s'exposer à une lutte armée contre le sénat. Le triumvirat rétabli avait, à ses yeux, l'avantage de couper court aux intrigues des Catoniens, d'empêcher qu'un rappel prématuré l'arrachât lui-même à la Gaule, enfin de rendre possible une prorogation de ses pouvoirs. S'il en était ainsi, on conviendra que César était pour le moins aussi intéressé que Pompée à renouveler le pacte de l'année 60 ; ils durent donc traiter d'égal à égal et se faire de mutuelles concessions.

L'entrevue de Lucques ne tarda pas à produire ses fruits. César, Pompée et Crassus, désormais unis, furent tout-puissants. La validité des lois juliennes ne fut plus mise en question. On cessa de proclamer l'illégalité des distributions

---

1 Mommsen, *H. R.*, VII, 143.
2 Mommsen, *H. R.*, VII, 144.
3 César en 59 avait reçu quatre légions tant du Sénat que du peuple, et depuis lors les nécessités de la guerre l'avaient forcé d'en lever six de plus.

agraires de Campanie. Quelques sénateurs ayant prétendu que le plébiscite de Vatinius était nul et que dés lors on avait le droit de rappeler César le 1er mars 54, Cicéron, qui par prudence s'était rallié aux triumvirs, combattit cette motion, et elle fut rejetée[1]. On décréta que l'entretien des six légions levées par César en sus de celles qui lui avaient été primitivement assignées serait à la charge du trésor et que le nombre de ses lieutenants serait porté à dix[2]. Enfin Pompée et Crassus furent élus consuls au commencement de 55. Pour bien montrer l'accord qui existait entre les triumvirs, César avait donné des congés à beaucoup de soldats qui, conduits par P. Crassus, vinrent voter à Rome[3]. Vatinius fut nommé préteur contre Caton, et parmi les tribuns, deux seulement, P. Aquilius et Ateius Capito, furent pris dans l'opposition[4].

Dès qu'ils se furent emparés des magistratures de l'État, les triumvirs travaillèrent à exécuter l'autre partie du programme arrêté à Lucques. Il avait été stipulé, en effet, que Pompée et Crassus auraient après leur charge un gouvernement provincial, et que le commandement de César serait prorogé. Ce fut le tribun Trébonius qui se chargea de présenter au peuple la loi qui concernait les consuls en fonctions[5]. Il Proposa de leur conférer l'Espagne et la Syrie, en leur laissant le soin de déterminer, soit par le sort, soit par un arrangement à l'amiable, quelle serait la part de chacun ; il y joignit le droit d'enrôler autant de soldats qu'il leur plairait, et de faire à leur gré la paix on la guerre[6]. Ce projet

----

[1] C'est dans cette occasion que Cicéron prononça le *De Provinciis conluraribus*. Cf. *Pro Balbo*, 27, 61 ; *De Prov. cons.*, II, 28.

[2] Cie., *Ad fam.*, I, 7, 10. Cette lettre est placée par Wesenberg en mars 56, tandis qu'elle doit être reportée au mois de mai ou de juin. A défaut d'autres preuves, il suffit de remarquer qu'à l'instant même où Cicéron l'écrivait, il avait été déjà félicité du mariage de sa fille avec Crassipes par Lentulus, proconsul dans la lointaine province de Cilicie (I, 7, 11). Or en mars 56, les pourparlers n'étaient pas encore terminés (*Ad Q. fr.*, II, 4, 2) et les fiançailles n'eurent lieu que le 6 avril (*Ibid.*, II, 5, 2). D'ailleurs si la lettre *Ad fam.*, I, 7, était antérieure aux conférences de Lucques, on ne comprendrait pas comment César aurait pu obtenir si aisément du sénat (*perpaucis adversantibus*) des faveurs si grandes en un moment où les Catoniens étaient le plus acharnés contre lui, ni surtout comment Cicéron y ferait allusion à une décision qui ne fut prise qu'en mai (*ne lege Sempronia succederetur, facile perfectum est*). — On s'est quelquefois trompé sur le sens des mots placés dans la dernière parenthèse. Ainsi l'auteur de la Vie de César les traduit comme il suit : On ne tient aucun compte de la loi Sempronia qui voulait qu'on lui donnât un successeur (II, 387) ; d'où il résulterait qu'en 56, quand on parla de déterminer la date du rappel de César, on invoquait seulement la loi Sempronia, et que par conséquent le 1er mars 54 était bien l'échéance du *quinquennium* conféré en 59. Je crois que la phrase de Cicéron doit être entendue autrement. Les Catoniens se fondaient sur le caractère illégal du plébiscite vatinien pour demander que César fût remplacé le 1er mars 54. Mais ils se fondaient aussi sur la loi Sempronia pour demander qu'on nommât dès 56 ses successeurs éventuels ; car cette loi exigeait que l'on désignât les gouverneurs des provinces consulaires au moins dix-huit mois avant leur entrée en charge. Le sénat dans le cas présent refusa de l'appliquer, sans examiner si César détenait ses provinces légalement ou non, et sans se préoccuper du jour où ses fonctions expiraient.

[3] Dion, 39, 31.

[4] Plut., *Caton*, 42 ; Dion, 39, 32.

[5] Ce soin fut confié à Trébonius pour le même motif qui avait obligé César de s'adresser en 59 à Vatinius.

[6] Dion, 39, 33. Les historiens anciens ne s'accordent pas sur l'étendue des provinces qui furent conférées aux triumvirs. Dion se contente de dire que Pompée eut l'Espagne et Crassus la Syrie avec les pays voisins. Appien (II, 18) attribue à Pompée l'Espagne et l'Afrique ; de même Plutarque (52). Celui-ci donne à Crassus la Syrie et l'Égypte ; enfin

donna lieu à de vives discussions. Caton le combattit dans un long discours, qui ne dura pas moins de deux heures ; à la fin Trébonius le somma de se taire, et comme il continuait de parler, des licteurs l'expulsèrent du forum. On perdit ainsi une journée entière. L'assemblée du lendemain fut troublée par des scènes encore plus tumultueuses ; mais la loi Trébonia passa[1]. Aussitôt les consuls sollicitèrent pour César une prolongation de pouvoirs[2] ; ils l'obtinrent sans peine malgré -un nouveau discours de Caton, qui essaya vainement de prouver à Pompée qu'il avait tort de s'allier avec César et de favoriser sa puissance[3]. Ces deux lois votées, Crassus et Pompée procédèrent à la répartition de leurs provinces[4] ; le premier reçut la Syrie où il comptait trouver l'occasion d'attaquer et de vaincre les Parthes ; le second eut l'Espagne. L'un et l'autre gouvernement leur fut décerné pour cinq ans ; tous les historiens anciens sont d'accord sur ce point. Quant au proconsulat de César, le chapitre suivant a pour objet d'examiner quelle devait en être la durée.

Tite-Live (*Epit.*, 105) décerne la Germanie à César. Il n'est pas probable que Crassus ait obtenu l'Égypte, d'abord cette contrée était encore indépendante ; en outre il eût été imprudent de reconnaître à un commandant d'armée le droit d'y pénétrer. On peut supposer que Plutarque n'a pas bien compris le texte dont il s'est servi ; il a cru sans doute que les mots pays voisins désignaient l'Égypte et non le royaume des Parthes. Quant à l'assertion de Tite-Live touchant la Germanie, il faut l'interpréter dans ce sens que César fut autorisé à diriger des expéditions au delà du Rhin selon qu'il le jugerait convenable. En ce qui concerne Pompée, il n'eut certainement pas, comme l'a établi Zumpt (p. 79), le gouvernement de la province d'Afrique, mais la liberté de faire la guerre en Numidie et en Mauritanie. — D'après Plutarque (Pompée, 52), le nombre des légions de Pompée ne fut pas illimité ; il n'en eut que quatre. Le texte de Dion (39, 33) parait mériter plus de confiance.

1 Plut., *Caton*, 43 ; Dion, 39, 34-35.
2 Zumpt insiste avec raison sur ce fait qu'il y eut deux lois : l'une, celle de Trébonius, relative à Pompée et à Crassus ; l'autre relative à César (Plut., *Caton*, 43 ; Dion, 39, 33 ; Hirtius, De b. g., VIII, 53). Dion prétend que la seconde fut présentée au peuple immédiatement après l'adoption de la première ; elle put donc être votée le jour même où la loi Trébonia passa, si, comme il est vraisemblable, on n'observa pas la règle des trois nundines.
3 Plut., *Caton*, 43.
4 App. (II, 18) et Plut. (*Crassus*, 15) disent qu'ils tirèrent leurs provinces au sort. Du reste, quel qu'ait été le procédé employé par eux, ils eurent chacun la part qu'ils désiraient.

CHAPITRE IV. — DURÉE DU SECOND GOUVERNEMENT DE CÉSAR.

Mommsen et Zumpt admettent tous deux qu'en 65 les pouvoirs de César furent prorogés pour cinq ans. Mais c'est là le seul point qui leur soit commun.

On sait que Mommsen, s'appuyant d'une part sur l'idée qu'il se fait de l'année militaire, de l'autre sur le discours *De Provinciis consularibus*, arrête au 1er mars 54 le *quinquennium* conféré â César par la loi Vatinia. Celui que la loi Pompeia-Licinia y ajouta se prolongea donc jusqu'au 1er mars 49, et c'est en effet au 1et mars que Mommsen place le terme du proconsulat des Gaules[1]. Le malheur est que son opinion se trouve en désaccord avec plusieurs textes qui méritent toute confiance. Cicéron, dans une lettre écrite en décembre 50 à son ami Atticus, constate, sans même essayer de le prouver, que le commandement de César est déjà périmé[2]. Appien nous atteste, dans le récit des derniers mois de 50, que légalement les pouvoirs de César étaient expirés[3]. Enfin Dion affirme qu'en 51 l'échéance du gouvernement de César était proche, et qu'elle devait avoir lieu ἐν τῷ ὁστέρῳ ἔτει[4]. Il n'en faut pas davantage pour nous obliger à rejeter la date du 1er mars 49 proposée par Mommsen.

Zumpt, profitant des indications que les textes précédents lui fournissaient, s'est efforcé de découvrir dans le courant de l'année 50 le jour inconnu qui avait marqué juridiquement la fin du proconsulat de César[5]. Tout d'abord il a été frappé de voir que Pompée songeait à rappeler son rival le 13 novembre ; et, ne sachant comment expliquer ce fait, il a cru que cette date était le terme du gouvernement des Gaules ; puis, remontant de cinq années en arrière, il a fixé au 13 novembre 55 le vote de la loi Pompeia-Licinia, en ajoutant qu'à Rome quand un magistrat investi d'un *imperium extraordinarium* obtenait une prorogation de pouvoirs, la durée de sa nouvelle charge était comptée depuis l'instant de la prorogation elle-même et non depuis l'échéance de la charge ancienne[6]. Ce principe, appliqué au cas présent, conduit Zumpt à négliger l'intervalle qui s'étend du 13 novembre 55 au 1er mars 54, et à ne prolonger le second *quinquennium* de César que jusqu'au 13 novembre 50[7].

Il y a là deux questions distinctes à examiner : la question de droit et la question de fait. Nous commencerons par la seconde, et nous rechercherons s'il est vrai que la loi Pompeia-Licinia a été adoptée le 13 novembre 55.

Sur ce point les renseignements ne manquent pas. Cicéron, dans une lettre antérieure au 18 novembre 55 et postérieure au 14, nous apprend que Crassus est parti depuis peu pour sa province de Syrie, sans attendre la fin de son consulat[8]. Il est vraisemblable qu'un certain espace de temps s'était écoulé

---

[1] *Die Rechtsfr.*, 42.

[2] Cie., *Ad Att.*, VII, 7, 6 ; VII, 8, 4.

[3] App., *De b. c.*, II, 28.

[4] Dion, 40, 59.

[5] Zumpt, 84.

[6] Cie., *Ad fam.*, VIII, 11, 3.

[7] Zumpt, 194.

[8] Cie., *Ad Att.*, IV, 13, 2 : *Crassum quidem nostrum minore dignitate aiunt profectum paludatum quam olim æqualem ejus L. Paullum.* Zumpt, citant ce texte, croit y trouver la preuve que Crassus partit en décembre (page 73).

avant qu'il eût achevé ses préparatifs. D'ordinaire les proconsuls et les préteurs consacraient deux mois à cette besogne, puisque leur charge urbaine expirait le dernier jour de décembre et qu'ils quittaient habituellement Rome vers le 1er mars. Or, dans l'hypothèse de Zumpt, Crassus n'aurait pas eu une semaine pour organiser la périlleuse expédition dont il avait le commandement. Le vote de la loi Trébonia précéda donc son départ de plusieurs mois, et l'on se rappelle qu'au rapport de Dion la loi Pompeia-Licinia passa le même jour. Dans une autre lettre de Cicéron nous lisons un passage qui jettera peut-être quelque lumière sur le débat actuel. L'auteur raconte, à la date du 27 avril 55, qu'il a vu récemment Pompée à Naples, qu'ils ont causé ensemble des affaires publiques, et que Pompée s'est mis à dédaigner la Syrie et à vanter l'Espagne[1]. Cette phrase signifie ou bien que les consuls étaient sur le point de tirer au sort les provinces que leur avait décernées la loi Trébonia, et dans ce cas Pompée aurait fait connaître à Cicéron celle qu'il convoitait ; ou bien que la répartition avait eu lieu, et dans ce cas il aurait exprimé sa satisfaction d'avoir reçu un lot si avantageux. . Mais, quel que soit le sens que l'on préfère, il est à présumer qu'au moment où Pompée parlait, la loi qui le concernait et par suite la loi qui concernait César avaient été déjà adoptées. Cette conjecture paraîtra encore plus probable si l'on rapproche des deux textes de Cicéron le témoignage de Plutarque et de Dion Cassius. Le premier dit que Pompée et Crassus, à peine élus consuls, présentèrent au peuple la loi qui porte leur nom[2]. Or une lettre de Cicéron à son frère Quintus prouve qu'ils étaient en fonctions dans le courant de février[3]. Quant à Dion, qui suit presque toujours dans ses récits l'ordre chronologique, voici comment il dispose les événements de l'année 55. Livre XXXIX, chap. XXXI, élection de Pompée et de Crassus ; chap. XXXII, nomination de Vatinius à la préture ; chap. XXXIII-XXXVI, lois Trébonia et Pompeia-Licinia ; chap. XXXVII, lois contre la brigue et contre le luxe ; chap. XXXVIII, inauguration du théâtre de Pompée : chap. XXXIX, départ de Crassus. Il résulte de là que si nous connaissions l'époque où furent célébrés les jeux que Pompée donna au peuple en 55, cette date serait pour nous un point de repère qui nous aiderait à fixer celle de la loi Pompeia-Licinia. Nous essaierons donc de diriger dans ce sens nos recherches. Pison, proconsul .de Macédoine, revint à Rome vers le milieu de l'été de 55 ; peu de jours après, il se plaignit au sénat des attaques dont il avait été l'objet pendant son absence, et Cicéron lui répondit par une violente invective. Or un passage de ce discours contient une allusion très claire aux fêtes que Pompée préparait[4]. On ignore, il est vrai, le jour et le mois où cette harangue fut prononcée. Mais le texte que nous y avons relevé indique que la dédicace du théâtre de Pompée est antérieure à l'automne, ce qui nous autorise à placer le vote de la loi Pompeia-Licinia avant le mois de septembre. Les jeux extraordinaires dont il est ici question ne durent pas se confondre avec ceux qui avaient un caractère périodique ; donc ils n'eurent pas lieu en avril, ce mois

---

[1] *Ad Att.*, IV, 9, 1. Zumpt (80) explique mal le sens des mots sane sibi displicens. J'entendrais volontiers par là que Pompée, toujours dissimulé (*Ad fam.*, VIII, 1, 3), voulut tromper Cicéron sur ses dispositions véritables, et feignit d'être mécontent de sa situation présente, peut-être afin de se ménager les sympathies des républicains modérés.

[2] Plut., *Crassus*, 15 ; *Pompée*, 52 ; *Caton*, 42-43.

[3] Cie., *Ad Q. fr.*, II, 7, 2.

[4] Cie., *In Pis.*, 27, 65 ; Asconius, p. 15.

étant occupé entièrement par d'autres fêtes officielles[1]. Ils n'eurent pas lieu non plus en mai, car Cicéron y assista, et en mai il était hors de Rome[2]. Ainsi l'hésitation n'est possible qu'entre les mois de mars, juin, juillet, août, et un document d'une authenticité incontestable nous permet de les fixer au 12 août. On lit dans les fastes d'Amiternum en regard de cette date : *Veneri victrici, hon(ori), virtut(i), felicitati in theatro marmoreo*, mots qui désignent évidemment l'inauguration du théâtre de Pompée dédié, on le sait, à *Venus victrix*[3]. Comme ces jeux furent postérieurs à la loi Pompeia-Licinia dont ils furent peut-être séparés par un assez long intervalle, il n'y aurait rien d'étonnant à ce que la loi fût du premier semestre ou même du premier trimestre. Dans tous les cas elle n'est pas du mois de novembre 55, et l'argumentation de Zumpt pèche par la base.

Voilà pour le point de fait. Quant au principe d'après lequel toute prorogation de pouvoirs votée avant l'échéance primitive aurait eu son effet depuis la date de la prorogation même, et non depuis l'instant où ces pouvoirs expiraient, Zumpt prétend l'avoir établi dans son étude *sur les dictatures de César*[4], et il y renvoie le lecteur. Il est aisé de voir que ce travail ne fournit aucune preuve sérieuse à l'appui de sa thèse.

Lorsqu'on eut reçu à Rome la nouvelle certaine de la mort de Pompée, on élut César dictateur pour la deuxième fois. Suivant Plutarque, Dion Cassius et Zumpt, cette charge devait durer une année, et elle se termina en réalité avec le mois de décembre 47[5]. Suivant Mommsen, elle devait se prolonger jusqu'à la fin des guerres civiles et elle se termina avec le mois de décembre 46[6]. Quelle que soit la solution que l'on adopte, ce système ne nous apporte pas la moindre lumière sur la discussion actuelle[7].

La troisième dictature fut conférée pour dix ans à César[8] après la bataille de Thapsus qui fut livrée le 8 avril 46[9]. Or les fastes du Capitole la font commencer, non pas en 46, mais en 45[10], et rien n'est capable d'infirmer l'autorité d'un texte pareil. Le doute d'ailleurs n'est pas possible. Sur les pierres où sont gravés ces fastes, les différentes années sont séparées par de petites lignes[11]. On trouve une de ces lignes après le troisième consulat de César qui est de l'année 46, et au-dessous est mentionnée sa troisième dictature ; puis on lit : *Eodem anno C. Julius C. f. C. n. Cæsar IIII sine c(onlega)* ; il s'agit là de son quatrième consulat.

---

[1] Les grands jeux duraient du 4 au 10 avril ; les jeux Ceriales du 12 au 19 ; les jeux Floraux du 28 avril au 3 mai (*C. I. L.*, I, 377).

[2] Cicéron décrit ces jeux dans une lettre à M. Marius (*Ad fam.*, VII, 1) : Sur son séjour hors de Rome en mai, v. *Ad Q. fr.*, II, 8 ; *Ad Att.*, IV, 9, 2 ; IV, 10, 11, 12, 13, 14.

[3] *C. I. L.*, I, 324 et 399.

[4] Zumpt., *Stud. rom.*, 199-266.

[5] Plut., *César*, 51 ; Dion, 42, 20 ; Zumpt, 210.

[6] *C. I. L.*, I, 451-453.

[7] Zumpt prétend que le jour initial de cette seconde dictature fut le jour du vote de la loi qui la conférait. Mais il n'en donne aucune preuve. Il se contente de dire : *Quoniam in certum tempus deferebatur, in lege non modo diem ad quem pertineret, sed etiam à quo prescribi oportebat, nec quum lex ferretur, quando Cæsar honorem esset auspicaturus poterat divinari* (p. 213). Ce raisonnement, si spécieux qu'il paraisse, ne saurait prévaloir contre les textes.

[8] Dion, 42, 55 ; Plut., 51.

[9] *C. I. L.*, I, 316 et 391.

[10] *C. I. L.*, I, 440.

[11] *C. I. L.*, I, 451.

Il est donc certain que César ne prit possession de sa troisième dictature que le 1er janvier 45, quoiqu'elle lui eût été donnée dans le printemps précédent. Cela prouve d'abord que le jour initial de cette magistrature fut celui de l'entrée en charge ; en second lieu, que Zumpt a tort d'invoquer cet exemple pour défendre sa thèse sur la prorogation, puisque dans son système il y eut un intervalle de plusieurs mois entre la deuxième et la troisième dictature, et que, dans le système de Mommsen, César n'inaugura la troisième qu'après avoir abdiqué la deuxième.

Cette dictature décennale fut convertie en dictature perpétuelle après la bataille de Munda qui eut lieu le 17 mars 45[1]. Or César ne paraît pas avoir porté le titre de *dictator perpetuo* dès l'année 45 ; il ne le prit sans doute que le 1er janvier 44[2]. La loi qui lui accordait ce privilège n'eut donc pas son effet à partir du moment où elle fut adoptée. Il est vrai que César n'attendit pas, pour se proclamer dictateur perpétuel ; que la dictature décennale Mt expirée, et il semblera peut-être que c'est là une violation du principe que nous opposons à celui de Zumpt. Mais on remarquera que, dans le cas présent, il n'y eut pas en réalité de prorogation. La dictature perpétuelle que César reçut en 45 ne fut pas un prolongement de sa dictature décennale ; elle se confondit avec elle, et celle-ci devint une partie de celle-là.

Octave, Antoine et Lépide furent nommés triumvirs[3] d'abord pour une période de cinq ans, et ce *quinquennium* s'étendit d'après les *Fasti colotiani*, du 27 novembre 43 au 31 décembre 38[4]. Puis ils prorogèrent d'eux-mêmes leurs pouvoirs, le peuple sanctionna cette mesure et leur charge se termina à la fin de 33. Mais on ne songea pas à appliquer la règle formulée par Zumpt. Dion assure qu'un intervalle s'écoula entre le premier et le second *quinquennium*[5]. D'autre part, Auguste, dans l'inscription d'Ancyre, affirme qu'il fut triumvir pendant dix années consécutives (συνεχέσιν ἔτεσιν δέκα)[6]. Il est donc probable qu'en 37 il fut tacitement convenu ou formellement stipulé que le second *quinquennium* courrait depuis l'échéance du premier.

Auguste, à plusieurs reprises, fit proroger les fonctions de ceux qu'il avait associés à sa puissance tribunicienne. Ainsi Agrippa, qui en 18 avait reçu cette dignité pour cinq ans, y fut maintenu en 13 pour une période d'égale durée. Le même honneur fut accordé à Tibère en 6 avant J.-C., puis en 4 après J.-C., et lui fut prorogé en 13 pour dix ans[7]. Mais les textes ne nous indiquent pas nettement de quelle manière on compta ces années, ni quel fut le point de départ de ces diverses prorogations. Il est avéré seulement que sous Auguste et ses successeurs les années tribuniciennes de l'empereur ne commençaient ni le 1er

---

1 App., *De b. c.*, II, 106 ; Dion, 44, 8 ; Tite-Live, *Epit.*, 116. Sur la date de la bataille de Munda, v. *C. I. L.*, I, 330 et 388.
2 Nous n'avons aucune preuve que César ait porté ce titre en 45. V. au contraire pour l'année 44, Cie., *Phil.*, II, 34, 87, et Josèphe, *Ant. Jud.*, 14, 10, 7.
3 Cet exemple et le suivant ne sont pas invoqués par Zumpt ; il m'a paru intéressant de les citer.
4 *C. I. L.*, I, 466.
5 Dion, 48, 54. Appien dit à tort (*De reb. Illyr.*, 18) que le 1er janvier 33 Octave avait encore devant lui deux années de triumvirat. Le deuxième *quinquennium* finit la 31 décembre 33 (Mommsen, *Röm. Staatsr.*, II, 697).
6 *Monument d'Ancyre*, I, 43.
7 Dion, 54, 12 ; 54, 28 ; 55, 13.

janvier ni le 10 décembre[1], et il est fort probable qu'elles datèrent toutes du jour anniversaire de la collation et de la prise de possession de la *potestas tribunicia*[2]. Il en fut de même sans doute d'Agrippa et de Tibère. Sur les fastes, en effet, on trouve toujours inscrite, à côté Fun de l'autre, les noms d'Auguste et de son collègue[3]. Nous savons d'ailleurs qu'Auguste conféra cette dignité à Tibère, le 26 juin, jour initial de ses propres années tribuniciennes[4] ; c'était évidemment afin que celles de son fils adoptif coïncidassent avec les siennes. Donc, à moins de supposer qu'en 13 avant J.-C. et en 13 après, on eut la précaution de proroger les pouvoirs d'Agrippa et de Tibère le 26 juin, il faut reconnaître que le second *quinquennium* de l'un et le second *decennium* de l'autre partirent du moment précis où les précédents expiraient, quel que fût le jour du vote de la loi de prorogation.

On voit que les assertions de Zumpt au sujet du deuxième proconsulat de César ne sont pas plus fondées en droit qu'en fait, et il reste établi que ce proconsulat ne venait pas à échéance le 13 novembre 50.

A cette solution négative du problème qui nous occupe il s'agit de joindre une solution positive. Plutarque, Appien et Suétone prétendent que le second gouvernement de César devait durer cinq ans comme le premier[5]. Parfois aussi on cite à l'appui de ces textes une phrase de Cicéron que souvent on a mal interprétée : duo tempora inciderunt, dit-il, quibus aliquid contra Cæsarem Pompeio suaserim... unum, *ne quinquenii imperium* Cæsari *prorogaret*[6]. On a cru que cette expression signifiait : proroger le *quinquennium* de César pour une période d'égale longueur, au lieu qu'elle signifie simplement : proroger pour un temps indéterminé. Ce passage n'a donc rien à voir dans ce débat. Quant à Plutarque, son témoignage n'a guère d'autorité dans les questions obscures de l'histoire romaine ; car il avoue qu'il savait à peine le latin et qu'il comprenait difficilement Tite-Live et César[7]. Appien en général est plus digne de foi, mais non dams cette circonstance. Il raconte lui-même qu'en 51, avant les comices consulaires, C. Claudius Marcellus demanda qu'on remplaçât César dans son gouvernement ; Pompée s'y refusa, alléguant qu'il valait mieux attendre l'échéance légale, dont on n'était séparé que par un court intervalle[8] ; or l'intervalle eût 60 assez long si la loi Pompeia-Licinia avait conféré à César un nouveau *quinquennium*. Dion, parlant du même fait, est encore plus précis ; il dit que l'échéance du proconsulat des Gaules devait avoir lieu dans le courant de l'année 60[9], et cette assertion ne peut d'aucune façon se concilier avec le chapitre XVIII d'Appien. Si l'on admet, comme nous avons essayé de le démontrer, que le premier gouvernement de César se terminait en mars 53, on conclura du texte d'Appien que le second allait jusqu'au mois de mars 48. Si, au contraire, on pense avec Mommsen que le premier finissait en même temps que le mois de février 54, on arrêtera le second au commencement de mars 49, ce

---

1 Mommsen, *Röm. Staatsr.*, II, 2, 773 (2e édit.).
2 Il semble que l'un et l'autre avaient lieu simultanément ; au moins rien n'indique le contraire.
3 *C. I. L.*, I, 441, 442, 471.
4 *C. I. L.*, I, 395 ; Velleius, 2, 103. CL Mommsen, *Röm. Staatsr.*, II, 2, 773, note 4.
5 Plut., *César*, 21 ; Appien, II, 18 ; Suét., 24.
6 Cie., *Phil.*, II, 10, 24. C'est par erreur qu'on a quelquefois cité Tite-Live (Epit., 105) ; dans ce passage il n'est question que de Pompée et de Crassus.
7 J.-V. Leclerc, *Des journaux chez les Romains*, 117.
8 Appien, II, 26.
9 Dion, 40, 59.

qui n'est pas moins incompatible avec le passage de Dion. Le seul moyen d'accorder Dion et Appien serait d'adopter le système de Zumpt réfuté plus haut. Appien se trouve même en contradiction avec Cicéron et César. Le premier[1], dans une lettre datée de la deuxième quinzaine de décembre 50, affirme que les pouvoirs du proconsul des (Taules sont échus. De son côté César, faisant allusion au sénatus-consulte de janvier 49 qui lui ordonnait de quitter immédiatement sa province, se plaint qu'on ait voulu par là lui enlever six mois de commandement, et l'unique argument sur lequel il se fonde est une loi de 52, qui, dit-il, en l'autorisant à briguer le consulat absent, l'avait implicitement autorisé à garder son gouvernement jusqu'aux comices de juillet 49[2]. Nous examinerons plus loin si cette prétention était justifiée. Pour le moment il nous suffira de remarquer que César ne songe nullement à se prévaloir de la loi Pompeia-Licinia ; cette loi avait donc perdu son effet en 50, ce qui confirme bien l'assertion de Dion, mais non pas celle d'Appien. Les mêmes objections peuvent être faites à Suétone, et elles paraîtront sans doute assez sérieuses pour nous permettre de suspecter les témoignages des auteurs qui attribuent une durée de cinq ans au second proconsulat de César.

Seul, Dion lui assigne une durée de trois ans, et il nous donne à entendre qu'il n'était arrivé à ce résultat qu'après une étude attentive de la question. Οἱ ὅπατοι (de 55), dit-il, προσεποιήσαντο αὐτούς, ὥστε τὴν ἡγεμονίαν καὶ ἐκείνω (César) τρία ἔτη πλείω (ὥσγε τἀληθές εὑρίσκεται) μηκύναι[3]. On sait la nuance exacte qu'exprime le mot εὑρίκειν. Il ne signifie pas seulement trouver, mais trouver en cherchant. Il est probable qu'au temps de Dion ce point était obscur, et qu'il n'était pas facile de l'éclaircir. Les documents peut-être manquaient depuis l'incendie qui sous Vitellius avait détruit les archives du Capitole[4], et l'absence de preuves authentiques laissait aux historiens une plus grande liberté d'opinions. Laquelle choisir ? Evidemment celle que corroborent les faits dont la certitude est démontrée. Or si l'on soumet à ce critérium le texte de Dion Cassius, on n'hésitera pas à le considérer comme véridique, et à conclure que le second gouvernement de César s'étendit légalement du mois de mars 53 au mois de mars 50.

Cette thèse soulève tout d'abord une objection qu'il importe d'écarter. Comment supposer, dira-t-on, qu'aux conférences de Lucques les triumvirs aient décidé d'accorder à César un proconsulat de trois ans, tandis que Pompée et Crassus en obtenaient un de cinq ? Est-il vraisemblable que César ait souscrit à un arrangement pareil et ait accepté de redevenir simple citoyen avant ses deux rivaux ! N'est-il pas plus probable qu'il se fit donner une prorogation égale en durée à celle de leurs proconsulats, afin de garder l'imperium aussi longtemps qu'eux t On peut répondre à cela que de toute façon l'imperium de César et l'imperium de Pompée devaient finir à une époque différente. Admettons, en effet, que la loi de 55 ait conféré à César un nouveau, *quinquennium*. Le terme de ce second gouvernement sera, d'après Mommsen, le 1er mars 49, d'après Zumpt, le 13 novembre 50, d'après nous, la fin de mars 48. Or, si le système de Mommsen est vrai, le commandement de Pompée devait expirer le 1er mars 50 ;

---

[1] Cie., *Ad Att.*, VIII, 7, 8.
[2] César, *De b. c.*, I, 9 : *Doluisse se, quod populi romani beneficium sibi per contumeliam ab inimicis extorqueretur, ereptoque semenstri imperio in urbem retraheretur, cujus absentis rationem haberi proximis comitiis* (de 49) *populus jussisset.*
[3] Dion, 39, 33.
[4] Tacite, *Hist.*, III, 72.

si c'est celui de Zumpt, il devait prendre fin dans le premier semestre de l'année 50 ; si c'est le notre, il devait se prolonger jusqu'en mare 49. Mais dans tous les cas son échéance eût été antérieure d'une année à l'échéance des pouvoirs de César. Or, à Lucques la situation des triumvirs était telle qu'ils avaient besoin l'un de l'autre ; nul n'était assez puissant pour y parler en maître, et il fallut se faire des concessions réciproques[1]. C'eût été de la part de César une prétention exorbitante que de vouloir garder son armée cinq ans de plus ; il n'aurait même pas eu pour excuse la grande entreprise militaire qu'il avait commencée ; car la conquête des Gaules était déjà bien avancée[2]. Il renonça donc à réclamer cette faveur et il se contenta d'une prorogation de trois ans, s'exposant ainsi à perdre son armée avant que Pompée perdît la sienne, mais comptant bien la conserver par quelque moyeu détourné jusqu'à son deuxième consulat.

Parmi les textes qui se rapportent à la période comprise entre les années 55 et 49, plusieurs confirment la conjecture de Dion et aucun ne la contredit. Ceux qui ont été cités plus haut, à savoir Appien, *De b. c.*, II, 26 ; Dion, 40, 59 : Cicéron, *Ad Att.*, VII, 7, 6, prouvent que la loi Pompeia-Licinia cessa d'avoir son effet en 50. Cicéron, dans le mois de juin 51, écrit à son ami Atticus qu'il a vu Pompée, et il ajoute : Civem illum egregium relinquebam et *ad hæc quæ timentur* propulsanda paratissimum[3]. Le danger auquel il fait ici allusion est la résistance possible de César aux ordres du sénat quand le moment sera venu de le rappeler. Dans une autre lettre datée du mois de juillet, il dit encore : Quum hæc leges, habebimus consules ; omnia perspicere poteris de Cæsare, de Pompeio[4]. Le 1er août 51, Cœlius raconte à Cicéron que récemment Pompée s'est écrié : Omnes oportere senatui audientes esse[5], ce qui montre que bientôt une occasion allait s'offrir de constater si César était prêt à obéir. Dans cette même correspondance on voit que les hommes politiques se préoccupaient beaucoup en 51 de connaître les sentiments des magistrats désignés pour l'année suivante. Ainsi Caelius remarque que le futur consul, L. Æmilius Paulus, et le futur tribun Curion sont hostiles à César[6]. Le 13 septembre, le sénat prescrit aux consuls qui entreront en charge le far janvier, de mettre à l'ordre du jour du 1er mars la discussion relative aux provinces consulaires, et Caelius dit à ce propos : Galliæ in eamdem conditionem quam ceteræ provinciæ vocantur[7]. Pompée déclare vers le même temps qu'il ne peut sans injustice rien décider au sujet du gouvernement de César avant le 1er mars 50, mais qu'après cette date il n'hésitera pas[8]. Mommsen explique ce fait comme il suit : il croit que la loi Pompeia-Licinia avait défendu au sénat de disposer des deux Gaules avant le commencement de la dixième et dernière année du commandement de César, c'est-à-dire avant le 1er mars 50[9], et il s'appuie sur un passage d'Hirtius qui est loin d'être aussi explicite. Marcellus, dit celui-ci, proximo anno (an 51) contra

---

[1] J'ai essayé d'établir de fait dans le chapitre précédent.
[2] V. *Hist. de J. César*, II, livre IV, chap. 1-3.
[3] Cie., *Ad Att.*, V, 7.
[4] Cie., *Ad Att.*, V, 12, 2.
[5] *Ad fam.*, VIII, 4, 4.
[6] Ad fam., VIII, 10, 3 : *Paulus porno non humanè de provincia loquitur*. Il faut entendre non la province de Cicéron, mais celle de César ; Cælius ne parle de la première qu'à partir de ces mots : *Quod ad tuum decessum attinet* (Cf. *Pauli Manutii comment. in M. Tullii Cicer. epist. ad diversos*, 580).
[7] *Ad fam.*, VIII, 9, 2.
[8] *Ad fam.*, VIII, 8, 9.
[9] *Die Rechtsfr.*, 51-52.

legem Pompeii et Crassi retuierat ante tempus ad senatum de Cæsaris provinciis[1]. Cette motion était, en effet, prématurée, car ce que Marcellus avait demandé en 51, c'était que le sénat choisit, non pas les successeurs éventuels de César, mais ses successeurs immédiats[2]. Le sens que Mommsen attribue au texte d'Hirtius est donc inexact, et ainsi tombent les conséquences qu'il en déduit. Zumpt n'interprète pas mieux les paroles de pompée. Pourquoi Pompée déclare-t-il qu'on ne doit statuer sur les provinces de César qu'après le 1er mars ? C'est, d'après lui, parce qu'au mois de mars le sénat avait l'habitude de répartir les provinces qui deviendraient vacantes pendant l'année ; or, comme le proconsulat de César expirait en 50, il fallait désigner ses successeurs en même temps que ceux des autres gouverneurs, ne quid extra ordinem de eo decerni videretur[3]. Pour réfuter cette opinion, il suffit de se rappeler une lettre de Cælius à Cicéron où on lit cette phrase : Pompée veut que César abandonne la Gaule après le 1er mars 50[4]. Elle nous atteste que Pompée comptait, dès qu'on serait au mois de mars, non pas pourvoir au remplacement de César pour une date encore éloignée, mais le remplacer sur-le-champ. Il est possible qu'à Lucques il est promis de ne pas souffrir qu'on écourtât par un rappel anticipé le proconsulat de son rival ; mais si l'on tient compte du temps nécessaire aux successeurs de celui-ci pour recevoir de l'assemblée curiate l'*imperium*, pour se préparer au départ et faire le trajet de Rome en Gaule, on reconnaîtra que, même nommés le 1er mars, ils ne pouvaient arriver dans leur province avant la fin de ce mois, c'est-à-dire avant la fin du gouvernement de César. Pompée ne violait donc pas ses engagements, en exigeant que cette affaire fût dieu cotée et résolue aussitôt après les calendes de mars. Le 1er mars 50, le consul Marcellus proposa d'envoyer à César, ses successeurs, car, ajouta-t-il, ἐλῆγεν ὁ χρόνος[5]. Cet imparfait signifie que les pouvoirs de César touchaient à leur échéance lorsque Marcellus parlait[6] ; ce qui s'accorde bien avec la thèse qui fixe cette échéance aux derniers jours de mars, mais non avec celles qui la rejettent au mois de novembre 50 ou au mois de mars 49. Le débat traîna en longueur par l'effet des intrigues des Césariens et de l'indécision du sénat, et Pompée finit par dire que César devrait quitter sa province le 13 novembre sans délai : Scena rei totius hæc, écrivait à ce sujet Cælius en mai ou en juin, Pompeius, tanquam Cæsarem non impugnet, sed quod illi æquum putet, constituat, ait Curionem quærere discordias[7]. Cette phrase a été souvent traduite ainsi : Pompée prétend qu'il n'attaque point César, et qu'il n'exige de lui (en demandant son retour pour le 13 novembre) qu'une chose juste ; preuve certaine, ajoute Zumpt, que cette date était le terme légal du proconsulat des Gaules. Si l'expression quod iili æquum putet signifiait ici ce qui est juste, *illi* serait de trop et l'on aurait dit simplement quod æquum putet. Il n'y aurait même pas le mot *putet*, mais plutôt quod æquum sit. *Putet* indique que Pompée croit ou affecte de croire la mesure dont il s'agit indifférente (*æquum*) à César ; il le met hors de cause ; il assure qu'avec lui on s'accorderait aisément ; qu'en bon citoyen il ne ferait point obstacle à l'exécution des lois et à la nomination de ses successeurs, mais que Curion veut tout brouiller. Ce texte, ainsi compris, cesse d'être un argument en faveur de

---

1 Hirtius, *De b. g.*, VIII, 53.
2 Dion, 40, 59.
3 Zumpt, 84.
4 *Ad Fam.*, VIII, 8, 4. Mommsen pense à tort qu'il s'agit ici du 1er mars 49 (note 135).
5 App., II, 27.
6 Zumpt, 162.
7 Cie., *Ad fam.*, VIII, 11, 3.

l'opinion de Zumpt et il tend, au contraire, à démontrer qu'au moment où Pompée tenait ce langage les pouvoirs de César étaient déjà expirés.

CHAPITRE V. — DISSOLUTION DU TRIUMVIRAT.

Légalement César devait sortir de charge à la fin de mars 50 ; mais il est probable que dès l'année 55 il était décidé à garder sa province et son armée plus longtemps. Les événements ne firent que le confirmer dans ce dessein.

L'entrevue de Lucques, le renouvellement du triumvirat et le vote des lois Trébonia et Pompeia-Licinia jetèrent d'abord les républicains dans la consternation. Peut-être comprit-on alors la faute qu'on avait commise naguère en dédaignant l'alliance de Pompée[1] ; mais il était trop tard pour la réparer. Un seul espoir restait encore, et il fallut bientôt y renoncer. Les constitutionnels avaient obtenu aux comices consulaires de 55 la nomination de Domitius Ahenobarbus, un des leurs[2], et c'était là pour eux une chance d'autant plus favorable qu'il semblait qu'on n'eût pas à redouter l'année suivante la présence des triumvirs : César, en effet n'avait point quitté la Gaule, Crassus avait hâte de partir pour son gouvernement de Syrie et Pompée était pourvu du proconsulat d'Espagne. Mais en 54 Pompée se contenta d'envoyer ses lieutenants dans sa province d'Espagne, et prétextant les nécessités de sa charge frumentaire qui durait toujours[3], il demeura lui-même aux environs de Rome avec plusieurs légions qu'il commandait en vertu de son imperium proconsulaire. Cette fois on vit bien qu'il n'était guère possible d'échapper à la tyrannie des triumvirs, et parmi les républicains beaucoup perdirent courage. Cicéron fut du nombre. Déjà en 56, après les conférences de Lucques, il s'était réconcilié avec César et Crassus[4]. Il ne négligea dés lors aucune occasion de se faire pardonner son indépendance passée. Il fut aussi souple que le petit bout de l'oreille[5]. Il refoula au fond de son cœur ses sentiments véritables, et il accommoda sa conduite aux circonstances. Par moments le remords le prenait[6] ; mais pour se justifier il avait une théorie toute prête : En politique, comme en mer, disait-il, il faut savoir louvoyer[7] ; et fidèle à ce principe, il s'appliquait sinon à satisfaire tout le monde, du moins à ne blesser personne[8]. Quand le Sénat avait à discuter une question délicate, il s'abstenait d'aller à la séance[9]. Il n'était pas, comme on l'a prétendu, le chef officiel dei la majorité dévouée aux triumvirs ; mais souvent il mettait son éloquence à leur service. Il poussa la complaisance jusqu'à défendre, sur leur recommandation, Vatinius et Gabinius qu'il détestait[10]. Il n'est pas un de ses discours d'alors qui ne renferme quelque éloge pompeux de César[11]. Il fut très heureux de rentrer en grâce auprès de lui ; il devint son correspondant, son débiteur, presque son intendant[12], et ce fut un grand honneur, aux yeux de

---

1 V. le chap. III.

2 Il avait déjà essayé de se présenter en 56 contre Pompée et Crassus ; mais il avait échoué. En 54 il eut pour collègue App. Claudius Pulcher qui était alors partisan de César.

3 On sait qu'il avait reçu en 57 la *potestas frumentaria* pour cinq ans.

4 Pour César, voir le discours *De prov. consul.* : pour Crassus, voir *Ad fam.*, I, 9, 20.

5 *Ad Q. fr.*, II, 13, 4.

6 *Ad Att.*, IV, 6, 1. *Ad Q. fr.*, II , 13, 5.

7 *Ad fam.*, I, 9, 21. Toute cette lettre, destinée à être montrée, est un effort de Cicéron pour expliquer sa conduite qu'au fond il blâme lui-même.

8 *Ad Q. fr.*, II, 15, 1.

9 *Ad Q. fr.*, II, 15, 2.

10 *Ad fam.*, I, 9,19 ; V, 9 ; Dion, 39, 63.

11 Quelques extraits de ces discours sont cités dans l'*Histoire de César* (II, 418-421).

12 *Ad Att.*, IV, 16, 8 ; V, 6, 2 ; *Ad fam.*, I, 9, 21.

Cicéron, de recevoir les lettres flatteuses qui lui arrivaient de la Gaule, et d'y répondre par des protestations de dévouement et d'admiration[1]. Le triste rôle qu'il joua dans ces années-là atteste la terreur qu'inspirait aux esprits prudents et timides la puissance des coalisés de Lucques.

Il y eut pourtant des constitutionnels qui, loin de se laisser abattre, continuèrent de lutter contre le monstre à trois têtes, comme on appelait le triumvirat[2] ; ce fut le groupe des Catoniens. Ils étaient dénués de sens politique, mais ils avaient, pour la plupart, les qualités qui font les hommes d'action. Pénétrés de la justice de leur cause et résolus à sauver la république par tous les moyens, ils n'étaient sujets ni aux défaillances qui paralysent les gens trop peu sûrs d'eux-mêmes, ni aux scrupules qui arrêtent les consciences trop timorées. Les décisions lies plus promptes et les plus énergiques étaient à leurs yeux les meilleures. Ils étaient inaccessibles à la crainte et ils n'hésitaient pas à payer de leur personne. Leur cœur était aussi ferme que leur langue était hardie. Ils étaient de ceux qui jamais ne s'avouent vaincus, et ils avaient toujours confiance dans le succès de leurs efforts. Pompée et ses légions n'avaient rien qui les effrayât ; on le croyait incapable de renverser la Constitution ; on savait que, malgré tout, une certaine rivalité d'intérêts -devait exister entre César et lui ; on n'ignorait pas qu'un secret penchant le portait vers l'aristocratie ; on connaissait enfin les faiblesses de ce caractère ondoyant, qui avait le grave défaut de ne pas se rendre compte exactement de ce qu'il voulait, d'avoir des aspirations vagues plutôt que des idées nettes, et de manquer d'autorité. Il n'y avait donc pas lieu de désespérer.

Pour réussir à cette époque dans les élections, il suffisait d'avoir de l'argent. Les Catoniens en eurent, plus encore qu'auparavant, et ils le répandirent à pleines mains. Des peines sévères avaient été portées, en 55, contre la brigue et contre les associations politiques[3]. Ils ne cessèrent pourtant ni de se coaliser ni d'acheter les suffrages. Beaucoup sacrifièrent une partie de leur fortune pour arriver au consulat, au tribunat, à la préture ou pour y faire parvenir leurs amis. Jamais la corruption électorale ne fut aussi effrénée. Les dépenses occasionnées par le trafic des votes populaires étaient telles, que tous les ans, aux approches des comices, l'intérêt montait à un taux élevé[4]. Les constitutionnels avaient déjà à leur solde Milon et ses bandes : ils s'assurèrent l'appui de Clodius[5]. L'alliance de ces démagogues était doublement précieuse : d'abord, ils excellaient à travailler les tribus et à ménager une bonne majorité aux candidats qui payaient bien ; en second lieu, ils pouvaient combattre la force par la force et faire des émeutes au profit du sénat, comme d'autres en faisaient au profit des triumvirs. Ainsi s'expliquent les succès partiels que les républicains obtinrent dans les comices. En vain les Césariens et les Pompéiens déployèrent-ils toutes leurs ressources ; il leur fut impossible, en 55, d'évincer L. Domitius Ahenobarbus du

---

1 V. en particulier *Ad Q. fr.*, II , 10, 13 et 15 ; III, 1, 5, 8, 9 ; *Ad fam.*, VII, 5, 7, 17 ; XI, 27 ; *Ad Att.*, IV, 15, 10 ; IV, 16, 7 ; IV, 18, 5 ; IV, 19, 2. Sur les relations de Cicéron et de César à cette époque, on peut consulter Bousier, *Cicéron et ses amis*, 237-271.
2 App., *De b. c.*, II, 9.
3 Dion, 39, 37 ; Cie., *Pro Plancio*, 15, 47. Cf. Mommsen, *De colleg. et sodal.*, 47.
4 Cie., *Ad Q. fr.*, II, 14, 4.
5 C'est du moins ce qui parait résulter d'un passage de Cicéron, *Ad fam.*, I, 9, 19.

consulat, Caton de la préture, C. Memmius du tribunat[1], et en 54 leurs adversaires furent assez puissants pour empêcher les élections.

Dans les tribunaux, l'opposition aux triumvirs ne fut pas moins vive. La classe moyenne, en effet, y dominait, malgré une loi récente de Pompée qui avait haussé le cens des jurés[2] ; or cette classe était, en général, attachée à la constitution[3]. A côté d'elle, siégeait la noblesse sénatoriale, en majorité républicaine, et d'autant plus hardie qu'elle se sentait plus forte sur ce terrain. Les agents de Pompée et de César, que l'on poursuivit alors, se trouvèrent donc à la merci de leurs ennemis. De tous ces procès politiques, le plus célèbre fut celui de Gabinius. Ce personnage, étant proconsul de Syrie, avait pénétré en Egypte contre le gré du sénat, et rétabli, sur son trône Ptolémée Aulète, qui lui donna en échange 10.000 talents[4]. Il était à peine de retour à Rome qu'il fut accusé de lèse-majesté. L'argent du roi d'Egypte lui servit à corrompre ses juges ; Pompée intercéda activement en sa faveur, et il fut acquitté[5]. Mais, quelque temps après, il fut l'objet d'une nouvelle plainte en concussion ; il avait, disait-on, arraché à sa province plus de cent millions de drachmes. A Rome, ces sortes d'exactions demeuraient souvent impunies ; cette fois, on usa de sévérité. Pompée couvrit pourtant Gabinius de sa protection. Comme son titre de proconsul lui interdisait l'entrée de la ville, il assembla le peuple en dehors du Pomœrium ; il plaida longuement la cause de son client, il lut des lettres où César exprimait ses sympathies pour lui, il obligea Cicéron à prendre sa défense. Rien n'y fit, et Gabinius fut frappé d'une sentence d'exil et de confiscation[6]. En revanche, à l'égard des républicains, l'indulgence des jurys allait jusqu'à la faiblesse. Memmius Gemellus se présentait, en 54, au consulat et les Césariens l'appuyaient de toutes leurs forces[7]. Il crut sans doute que ce n'était pas là use garantie suffisante, et il forma avec Domitius Calvinus, candidat comme lui, un plan destiné à rendre leur succès certain. Pour gagner les consuls qui étaient alors en fonctions, ils s'engagèrent à leur procurer par fraude les provinces que ceux-ci désiraient avoir à l'expiration de leur charge, sinon filas leur paieraient une indemnité de 400.000 sesterces. Cette alliance ayant été bientôt rompue, Memmius dénonça au sénat le pacte qui avait été conclu et il fournit les preuves. On l'exila, et ce n'était que justice ; mais les consuls, qui n'étaient pas moins coupables que lui, ne furent point inquiétés ; ils étaient du parti des constitutionnels et Memmius était du parti contraire[8].

Mommsen remarque que dans ce temps-là les poètes eux-mêmes étaient hostiles aux triumvirs[9]. Il n'est rien resté de M. Licinius Calvus, ni de M. Furius Bibaculus ; tout ce que l'on sait d'eux, c'est qu'ils étaient républicains[10] ; mais nous avons conservé le recueil des poésies de Catulle, qui parut probablement en 54, et nous pouvons juger par là de la vivacité des épigrammes que ces jeunes

---

[1] Ce Memmius était ennemi des triumvirs puisqu'en 54, étant tribun, il accusa Gabinius (*Ad Q. fr.*, III, 1, 15).
[2] Asconius, 16.
[3] Mommsen, *H. R.*, VII, 157.
[4] Dion, 39, 56-58 ; Schol. Bob., 271 (Orelli).
[5] Cie., *Ad Q. fr.*, III, 1-4 ; Dion, 39, 55.
[6] Dion, 39, 55, 63 ; App., II, 24.
[7] Cie., *Ad Att.*, IV, 15, 7.
[8] Toute cette affaire est racontée en détail par Cie., *Ad Att.*, IV, 17. Cf. *Ad fam.*, XIII, 19.
[9] Mommsen, *H. R.*, VII, 160-163.
[10] Sur Bibaculus, v. Tac., *Ann.*, IV, 34. Calvus était l'ami de Catulle qui parle souvent de lui (Catulle, 14, 50, 53. Cf. Suét., *César*, 73).

littérateurs aimaient à lancer contre César et contre Pompée. A vrai dire, c'est toujours le même thème qui revient dans ces vers, satire de la vie privée de César plutôt que de sa vie publique1. Mais les sentiments de haine, de mépris et de colère qui y débordent attestent jusqu'à quel point était ardente l'opposition de ceux dont Catulle se faisait ici l'interprète. D'ailleurs, il est une de ces pièces qui touche à la politique, et c'est précisément la plus virulente2. Ces pamphlets circulaient librement dans Rome et dans l'Italie. On n'en était pas encore réduit, comme sous l'empire, à les propager en secret et avec mille précautions3 ; on les produisait et on les lisait au grand jour. Il en était de même des discours que la parole mordante de certains avocats prononçait devant les tribunaux4. On se vengeait par des sarcasmes de la puissance de César et de ses glorieuses victoires ; on s'efforçait de rabaisser son mérite ; on répandait le bruit que le but de ses conquêtes était d'enrichir ses favoris, et, comme Caton, on reprochait au beau-père et au gendre de tout bouleverser dans le seul dessein de payer le prix de leurs débauches5. Ces violentes attaques durent blesser vivement leur amour-propre6, et il faut croire qu'elles leur nuisirent un peu dans l'opinion, puisque César jugea utile d'y répondre en écrivant le récit de ses campagnes7.

Malgré ces résistances, l'autorité des triumvirs était bien établie et personne ne la menaçait sérieusement. Les constitutionnels, même avec les recrues nouvelles qu'ils pouvaient avoir gagnées depuis 56, étaient peut-être assez forts pour relever la tête, mais non pour secouer le joug. Leurs petits succès électoraux, judiciaires et poétiques pesaient en somme très peu dans la balance, et vraiment, pour un homme d'esprit et de caractère, il n'y avait point là de quoi s'alarmer. César probablement n'y attacha qu'une faible importance, parce qu'il voyait les choses de haut et de loin. Mais Pompée, que le moindre obstacle déconcertait, se préoccupa davantage de ces fâcheux symptômes. Sa confiance dans l'efficacité du triumvirat commença à être ébranlée ; il désespéra de devenir par ce moyen le maître de Rome ; il éprouva le même désappointement qu'en 58, avec la différence que la cause de ses mécomptes n'était plus la démagogie, mais l'aristocratie républicaine ; et voyant que le pacte de Lucques n'avait pas eu les heureuses conséquences qu'il en attendait, il s'accoutuma insensiblement à l'idée de le rompre. Telles étaient ses dispositions quand il perdit sa femme Julie, fille de César8 (août 54). Avec elle disparut un des plus puissants liens qui unissaient les deux triumvirs. Elle exerçait en effet une grande action sur son mari, qu'elle aimait tendrement, et elle l'employait à maintenir la concorde entre deux hommes qui lui étaient également chers. L'année suivante, on apprit que Crassus avait été tué chez les Parthes9. Dés lors, César et Pompée se trouvèrent seuls en présence, et l'on a remarqué avec raison qu'une rivalité à trois peut durer parce qu'il y a équilibre, au lieu qu'une rivalité à deux amène

---

1 V. Catulle, 29, 54, 57, 94.

2 Cette pièce est la 29e du recueil.

3 Cons. sur ce point Boissier, *L'Opposition sous les Césars*, 73-94.

4 Un des avocats les plus célèbres du temps était le poète Licinius Calvus ; c'est lui qui accusa Vatinius (Tac., *Diag. de orat.*, 21 ; Cie., *Brutus*, 81).

5 Catulle, 29.

6 Catulle l'atteste pour César dans ses pièces 54 et 94 ; César ne lui en garda pas rancune (Suét., 73).

7 Mommsen pense que le *De b. g.* a été composé en 52-51 et publié en 51 (*Hist. rom.* VIII, 271, note).

8 Plut., *Pompée*, 53. César offrit alors sa nièce Octavie à Pompée qui refusa (Suét., 27).

9 Crassus fut tué le 9 juin 53 (Mommsen, *H. R.*, VII, 188).

bientôt la guerre[1]. Crassus, d'ailleurs, avait toujours penché plutôt du c6té de César que du côté de Pompée, et il est certain que, s'il eût été obligé de choisir, il se serait déclaré pour le premier. Cette crainte avait plus que tout autre motif déterminé Pompée à conclure en 60 et à renouveler en 56 le triumvirat. Au fond, il désapprouvait cette coalition, qui devait profiter plus à César qu'à lui-même. Il y était entré cependant pour empêcher qu'elle ne fût dirigée contre lui, et il y était demeuré parce que le sénat, en 57, avait repoussé ses avances. La mort de Crassus fut donc à ses yeux un événement heureux ; car elle affaiblissait César, et elle permettait à Pompée de contracter de nouvelles alliances. Or, à ce moment-là, il arriva que les républicains eurent besoin de lui, et, pour le gagner à leur cause, lui offrirent des avantages inespérés.

Depuis plusieurs années, Rome était en proie â l'anarchie. Les lois étaient sans cesse violées et les plus scrupuleux ne les respectaient qu'en les tournant. Les charges publiques s'acquéraient à prix d'argent, et ces sortes de marchés étaient si scandaleux, que des hommes d'ordinaire indulgents les jugeaient intolérables[2]. Souvent même on en venait aux mains et des dots de sang inondaient le forum ou le champ de Mars. En 53, il y eut un interrègne de sept mois, et en 52 les élections ne purent pas avoir lieu. La dictature parut être le seul moyen de réprimer ces désordres, et dès le mois d'octobre 54, on parlait de recourir à cette ressource suprême[3]. Pompée était naturellement désigné pour remplir ces fonctions, car on savait qu'il n'abuserait pas de sa puissance[4]. Cette idée, pourtant, était loin de plaire à tout le monde ; il semblait dangereux à quelques-uns de remettre en vigueur une magistrature dont Sylla avait fait récemment une arme si terrible et surtout de la confier à un des triumvirs déjà investi d'une autorité fort étendue. Aussi, lorsqu'en 53, le tribun Luccéius, en plein sénat, ouvrit l'avis de nommer Pompée dictateur, cette motion rencontra une telle opposition, que les amis de celui-ci s'empressèrent de le disculper et de protester que jamais il n'avait eu une ambition pareille[5]. En réalité, c'était bien là le but où il tendait, et il ne tarda pas à l'atteindre.

Le 18 janvier 52, Clodius fut assassiné sur la voie Appienne par les gens de Milon. Son cadavre porté à Rome, excita l'indignation populaire. La foule s'assembla devant la tribune aux harangues où on l'avait placé ; des discours violents furent débités ; on der manda justice ; on cria à la vengeance ; on brûla le corps dans la curie Hostilia, lieu des séances du sénat, et le monument fut réduit en cendres avec la basilique Porcia. Neuf jours après à la maison de l'interroi, M. Lepidus, faillit être incendiée par la multitude, et Milon, s'étant montré au forum, dut S'enfuir déguisé, sous peine d'être ;égorgé. Beaucoup de ses amis furent massacrés, et, à la faveur de ces troubles, des bandes de scélérats, de gladiateurs, d'esclaves fugitifs, payés peut-être, commirent impunément d'affreux excès. Ils pénétraient dans les demeures des particuliers et les pillaient ; dans les rues ils attaquaient pour les tuer les chevaliers et les nobles[6]. Rome, sans lois et sans magistrats, fut pendant quelques jours livrée à toutes les horreurs de la démagogie. Le sénat, cette fois, n'hésita plus, et, sur la motion de Bibulus, il chargea l'interroi de nommer Pompée seul consul. On lui

---

1 Duruy, *Hist. des Rom.*, II, 433.
2 Cie., *Ad. Q. fr.*, II, 15, 2.
3 *Ad Att.*, IV, 18, 3.
4 App., II, 19, 20.
5 Plut., *Pompée*, 54 ; Cie., *Ad Q. fr.*, III, 8, 4 ; III, 9, 3.
6 Asconius, 31-34 ; Appien, II, 21-22 ; Dion, 40, 48-49.

conféra une véritable dictature sauf le titre : il lui fut interdit de se donner un collègue avant deux mois[1] ; il conserva dans Rome même l'imperium attaché à sa charge de proconsul ; il eut le droit de puiser à son gré dans les caisses de l'État et de lever des troupes dans l'Italie entière ; enfin il fut armé d'une autorité discrétionnaire par la fameuse formule qui déclarait la république en danger[2]. Jamais tant de pouvoirs n'avaient été accumulés sur sa tête. Les constitutionnels pourtant n'avaient éprouvé aucun scrupule à les lui confier[3] ; la gravité du péril, encore accru par les manœuvres du parti césarien[4], les avait éclairés au point de leur inspirer une résolution vraiment politique dont le premier effet fut de dissoudre le triumvirat.

Pompée, dès lors crut n'avoir aucun intérêt à demeurer l'allié de César. Il était le maître dans Rome, et il comptait ne plus cesser de l'être. Pourvu qu'il respectât la constitution et qu'il la protégeât contre les anarchistes et les ambitieux, les républicains étaient disposés à lui laisser un pouvoir à peu près absolu ; car il fallait qu'il y eût à la tête de l'Etat un homme assez fort pour réprimer les agitations de la rue, et pour contraindre César à obéir lors de l'échéance prochaine de son proconsulat ; un accord était possible dans ces conditions-là entre le sénat et Pompée, et, aux yeux de celui-ci, un pacte pareil était bien plus avantageux que le pacte de Lucques. Aussi, sans rompre encore avec César, il s'éloigna peu à peu de lui ; il profita de sa puissance pour miner celle de son rival ; il travailla à la détruire non par la force, mais par cabus de la légalité ; en cas de guerre civile, sa vanité lui promettait la victoire, et il savait qu'une fois César abattu personne ne serait en état de lui disputer la suprématie.

César était au courant des moindres événements qui se passaient à Rome[5]. Il n'ignorait pas que ses ennemis étaient très nombreux et que la plupart étaient acharnés à sa perte : un jour Caton avait demandé qu'on le livrât aux Germains, alléguant qu'il était plus dangereux que les barbares[6]. Beaucoup s'affligeaient de ses succès et se félicitaient de ses revers ; ils contestaient l'importance des victoires dont la nouvelle leur parvenait, et souvent ils faisaient courir des bruits de défaite[7]. Quelques-uns prétendaient que toutes les lois promulguées par César pendant son consulat en violation des auspices étaient nulles[8], et ils songeaient à lui intenter de ce chef une accusation. Caton disait tout haut qu'il se chargerait lui-même de ce soin, et ce n'était point là une vaine menace, surtout après que Pompée eut fait adopter une loi en vertu de laquelle tout citoyen qui avait exercé une fonction publique postérieurement à l'année 70 pouvait être appelé à rendre ses comptes[9]. Or si César, au sortir de sa charge, était traduit en justice, il était difficile qu'il échappât à une condamnation ; d'abord, la composition des tribunaux ne lui était guère favorable ; de plus, on savait

---

1 Pompée prit comme collègue le 1er août 52 son beau-père Q. Metellus Scipion.
2 Ascon., 35, 37 ; App., II, 23 ; Plut., *Pompée*, 54 ; Tite-Live, *Epit.*, 107. Cf. Salluste, *Catil.*, 28.
3 C'est Bibulus qui en avait fait la proposition et Caton l'avait appuyé (Plutarque, *Caton*, 47).
4 On craignait que le peuple ne conférât la dictature à César, ou que nommant Pompée consul, il ne lui donnât César pour collègue (Dion, 40, 50).
5 Cie., *Ad Q. fr.*, III, 10, 1.
6 Plut., *Caton*, 51, *César*, 22.
7 *Ad fam.*, VIII, 1, 4 ; Lucain, II, 571.
8 C'est ainsi que Bibulus déclarait nulle la *lex Julia* relative aux comptes des gouverneurs de province parce qu'elle avait été portée contre les auspices (Cie., *Ad fam.*, II, 17).
9 App., II, 23.

comment s'y prendre depuis le procès de Milon pour intimider les avocats et les jurés[1] ; enfin Pompée avait restreint les garanties que la loi ou l'usage avaient assurées jusque-là aux accusés[2]. César résolut donc de ne rentrer dans Rome qu'après avoir obtenu du peuple une magistrature qui le mit à l'abri de toute poursuite.

A cet effet, il sollicita l'autorisation de briguer le consulat absent. Plusieurs sénateurs conseillaient à Pompée de lui refuser cette faveur[3]. Pompée ne voulut pas se montrer si rigoureux, soit qu'il eût pris à cet égard des engagements en 56, soit qu'il ne crût pas encore le moment venu de se séparer franchement de son rival ; et, sur la motion des dix tribuns, une loi fut votée qui donnait à César pleine satisfaction[4]. Mais, peu après, Pompée, par une loi nouvelle, remit en vigueur la règle qui exigeait la comparution personnelle des candidats[5] ; les Césariens réclamèrent, car cette seconde loi, ayant un caractère plus général, annulait la première ; et Pompée fit graver sur l'exemplaire authentique de sa loi une clause mentionnant la dispense accordée à César[6]. Mommsen pense que cette interpolation, ainsi ajoutée après coup, n'avait aucune valeur juridique[7]. Il n'est pas un seul texte dans les auteurs anciens qui confirme cette conjecture.

Une autre mesure qui visait directement César fut la *lex Pompeia de provinciis*, adoptée également en 52. L'année précédente, le sénat avait établi que désormais il s'écoulerait un intervalle de cinq ans entre la gestion d'une magistrature urbaine et l'exercice d'une magistrature provinciale. Cette réforme avait pour objet de diminuer la brigue en enlevant aux candidats l'espoir de réparer, aussitôt après leur charge, les pertes occasionnées par les dépenses de la campagne électorale. Durant le consulat de Pompée et sur son initiative, le sénatus-consulte de 53 fut converti en loi[8], mais c'était dans une intention bien différente. On voulait que César, à l'expiration de son prochain consulat, redevînt simple citoyen et que rien ne le protégeât contre les attaques de ses adversaires. Il se plaignit amèrement de cette innovation[9], mais au fond il n'en fut point

---

[1] Accon., 41. 42. Cf. le commencement de la Milonienne.

[2] Accon., 37, 40 ; Dion, 40, 52.

[3] Cie., *Phil.*, II, 10, 24.

[4] Suétone (ch. 26) raconte ce fait de la façon suivante : Les tribuns, dit-il, se proposaient en 52 de provoquer la nomination de César comme collègue de Pompée. Mais César préféra obtenir la permission de briguer le consulat absent ; sur sa demande les tribuns préparèrent un projet de loi dans ce sens et Pompée l'appuya. Cf. Appien, II, 25 ; Dion, 40, 56 ; Plut., *Pompée*, 56. Cicéron prétend, au contraire, que l'initiative de cette mesure appartient à Pompée (*Ad. Att.*, VIII, 3, 3).

[5] Dion, 40, 56.

[6] Suét., 28 ; *Ad. Att.*, VIII, 3, 3.

[7] *Die Rechtsfr.*, 48.

[8] Mommsen (*Röm. Staatsr.*, II, 1, 231, 2e édit.) croit qu'en 52 il a eut, à ce sujet, non pas une loi votée, mais un second sénatus-consulte, conjecture qui tombe d'elle-même si l'on songe que Dion, parlant de la loi de 52 (40, 30), emploie le mot ἐψηφισμένου. Il ajoute que ce qu'on appelle généralement la *lex Pompeia de provinciis* est en réalité de l'année 51, et il se fonde, sur une lettre adressée par Cicéron en 51, au consul Marcellus pour le prier *a ut aut mihi succedat* (en Cilicie) *quam primum aliquis aut ne quid accedat temporis ad id, quod tu mihi et senatusconsulto et lege finisti.* (*Ad. fam.*, 15, 9, 2). Mais le sénatus-consulte et la loi dont il est question ici sont simplement le sénatus-consulte qui avait nommé Cicéron gouverneur et la loi curiate par laquelle le consul lui avait fait conférer l'*imperium*.

[9] César, *De b. c.*, I. 85. Malgré le sénatus-consulte de 53 et la loi de 52, Pompée se fit proroger pour cinq ans dans son gouvernement d'Espagne. Il en avait le droit, étant déjà

alarmé, car il espérait bien abroger, dès qu'il serait consul, le plébiscite de Pompée.

En somme, l'essentiel pour lui, était d'arriver au consulat et de rester en Gaule, au moins jusqu'à son élection. Mais ici se présentait une grave difficulté. Le terme de son gouvernement était la fin de mars 50 et il lui était interdit de poser sa candidature avant les comices de juillet 49. Une loi rendue en 342 avait stipulé qu'un même citoyen ne serait admis deux fois au consulat qu'à dix ans d'intervalle. En 151, on alla encore plus loin et on déclara inéligible tout personnage consulaire. Sylla abolit, son, tour cette prohibition et St revivre la loi de 342[1]. Pompée, en 52, la viola, mais le principe n'en subsista pas Moins, de telle sorte que César, consul une première fois en 591, ne pouvait l'être une seconde fois qu'en 48. Dès lors, il ne paraissait guère possible qu'il réussit à garder son *imperium* jusqu'au jour où il serait élu, c'est-à-dire pendant plus du quinze mois au delà de l'échéance.

Si l'on en croit Hoffmann[2], il brigua le consulat en 50 et il échoua. Mais Mommsen n'a pas eu de peine à démontrer que cette hypothèse était absolument fausse[3]. D'abord, un événement pareil, s'il avait eu lied, n'aurait point passé inaperçu, et aucun auteur ancien n'en fait mention[4]. En outre, César déclare qu'il n'a jamais songé à se présenter avant les comices de 49[5], et il est aisé de deviner les motifs qui écartèrent cette idée de son esprit. On sait que les comices électoraux étaient présidés par un des consuls en charge ; celui-ci notait les noms des candidats, s'assurait qu'ils remplissaient les conditions requises, et, dans ce cas, les inscrivait sur la liste officielle ; tout suffrage accordé à un citoyen qui n'y figurait pas était annulé[6]. Or, légalement, César était inéligible en 50, et s'il essayait de se faire nommer cette année-là, même en prétextant l'exemple de Pompée élu en 55 et en 52, il était à craindre que les consuls refusassent de recevoir son nom. D'ailleurs sa tactique constante pendant la période qui précéda la guerre civile fut de respecter autant que possible la légalité, d'user de toutes les ressources qu'elle lui offrait et de ne recourir aux armes que le jour où la force serait le seul moyen de défendre ses intérêts[7]. Enfin, le patriotisme très vif dans cette aime élevée et le souci de sa propre gloire lui conseillaient de ne point quitter la Gaulé avant de l'avoir complètement soumise. Il est vrai qu'à cet égard les campagnes de 52 et de 51 furent décisives[8] ; mais peut dire y aurait-il eu quelque imprudence de sa part à

---

investi de ce commandement. A vrai dire, ce n'était pas une charge nouvelle qu'il recevait, il se contentait de prolonger la durée d'une magistrature qu'il exerçait depuis 55. Le mot fameux de Tacite : *suarum legum auctor idem ac subversor* (*Ann.*, III, 28) ne trouve donc pas ici son application.

[1] Tite-Live, VII, 42 ; X, 13 ; *Epit.* 56 ; App., I, 100 ; Cie., *De legibus*, 3, 3, 9.

[2] *De origine belli civilis Cæsariani*, p. 30 et suiv.

[3] *Die Rechtsfr.*, 39.

[4] En 50, Hirtius fait allusion à l'échec électoral de Ser. Galba, lieutenant de César. (*De b. g.*, VIII, 50.)

[5] César, *De b. c.*, I, 32 : *Se nullum eatraordinarium honorera appetisse, sed exspectato legitimo tempore consulatus eo fuisse contentum quod omnibus civibus pateret.*

[6] Ascon., 89 ; Tite-Live, III, 21 ; VII, 22 ; VIII, 15 ; X, 15 ; XXVIV, 6 ; XXXIX, 38. Velleius, 2, 92.

[7] D'après Dion, le *privilegium* accordé à César en 52 stipulait qu'il ne pourrait avoir le consulat avant les comices de 49, ὅταν ἐκ τῶν νόμων καθήκη (40, 51). Il n'est pas probable que cette clause ait été insérée dans la loi.

[8] La prise d'Alésia est de 52 et celle d'Uxellodunum de 51.

s'éloigner en 50, peu de mois après ses derniers succès. A supposer qu'aucune révolte ne fût plus à redouter, il fallait encore du temps pour organiser, au moins en gros, la conquête, pour donner le gouvernement des cités gauloises au parti aristocratique partout favorable aux Romains[1], pour effacer des esprits le souvenir des récentes défaites, et persuader à tous que le régime nouveau serait préférable à l'ancien[2].

Toutes ces raisons engagèrent César à différer sa candidature jusqu'en 49, et il crut que pour conserver son commandement durant l'intervalle compris entre le mois de mars 50, date de l'échéance, et le mois de juillet 49, date probable de son élection, il lui suffisait d'invoquer le privilège que Pompée lui avait fait conférer. Il allégua en effet que le peuple, en lui permettant de briguer le consulat absent, l'avait du même coup autorisé à demeurer dans sa province jusqu'au jour de sa nomination[3] ; car, comment imaginer qu'il pût être absent de Rome pour un autre motif ? Ce raisonnement, on l'avouera, était très spécieux, et Cicéron n'osait pas en nier la valeur[4]. Mais les adversaires de César, se fondant sur la lettre de la loi, répondaient qu'en vertu de ce plébiscite il était simplement dispensé d'assister aux comices où il se porterait candidat, quelle que fût la cause de son absence[5], et qu'en attendant il était obligé d'obéir aux ordres du sénat, si celui-ci jugeait à propos de le rappeler aussitôt après le terme légal de son gouvernement. Ces prétentions opposées furent soutenues de part et d'autre avec un acharnement égal. Quand la durée du proconsulat de César fut expirée, on essaya de lui ôter sa province et son armée, mais longtemps il empêcha ces tentatives de réussir[6]. Or, tant qu'il ne voyait pas arriver ses successeurs, il avait le devoir de rester en Gaule : ainsi le voulait le, droit public de Rome[7]. A la fin pourtant il fut rappelé et remplacé ; mais alors il tira l'épée et rie jeta dans la guerre civile.

---

1 Sur ce point, v. Fustel de Coulanges, *Institut. Polit. de la France*, I, p. 25-31.

2 C'est à cela que César employa les derniers moments de son séjour en Gaule (Hirtius, *De b. g.*, VIII, 49.)

3 Tite-Live (*Epit.*, 108) dit que la loi de 52 autorisait César à garder sa province jusqu'à son second consulat. Il y a là une exagération de langage que Mommsen reconnaît lui-même (*Die Rechtsfr.*, 43).

4 *Ad. Att.*, VII, 7, 6.

5 Cette distinction se trouve marquée nettement dans une phrase de Cicéron : *Quid ergo ? exercitum retinentis, cum legis dies transierit, rationem haberi placet ? Mihi vero ne absentis quidem.* (*Ad. Att.*, VII, 7, 6.)

6 Cælius expose clairement le calcul de César : *Multum ac diu ludetur, atque ita diu ut plus biennium in his tricis moremur.*

7 Ulpien au *Digeste*, 4 16, 10 : *Meminisse oportebit usque ad adventum successoris omnia debere proconsulem agere, cum sit unus proconsulatus et utilitas provinciæ exigat esse aliquem per quem negotia sua provinciales explicent.*

Dès l'année 51, le consul M. Claudius Marcellus était décidé à provoquer le rappel immédiat de César. Il fit des efforts réitérés pour déterminer le sénat à cet acte de vigueur[1] ; mais il ne put triompher de la répugnance que les républicains eux-mêmes éprouvaient à commettre une telle injustice et une telle imprudence ; souvent il advint qu'on n'était pas en nombre suffisant pour délibérer[2]. D'ailleurs Pompée, dont les paroles étaient alors autant d'oracles, déclara que la loi autorisait César à garder sa province jusqu'à la fin de mars 50, et que par conséquent il était impossible d'en disposer avant le 1er de ce mois[3]. On se rangea à cet avis et la discussion fut rejetée à l'année suivante. Un sénatus-consulte rendu le 29 septembre prescrivit aria consuls désignés de porter à l'ordre du jour du 1er mars la question du remplacement de César, et l'on s'engagea à siéger tant qu'elle ne serait pas tranchée, sans même prendre les vacances obligatoires. Quiconque oserait intercéder ou réclamer l'ajournement serait regardé comme ennemi de la république et d'avance on menaçait de passer outre[4].

Les consuls qui entrèrent en charge le 1er janvier 50 étaient C. Claudius Marcellus et L. Æmilius Paulus. On les savait hostiles à César, et c'est pour ce motif qu'ils avaient été élus[5]. Les tribuns paraissaient être dans les mêmes sentiments, surtout Curion[6], et dès lors le succès des manœuvres que préparaient les Pompéiens semblait assuré. On ne se doutait pas que César avait déjà acheté la neutralité d'Æmilius Paulus[7], et que par l'intermédiaire d'Antoine il avait gagné Curion à sa cause[8]. Cela seul lui suffisait pour tenir ses ennemis en échec, car le droit de veto que la loi conférait aux tribuns leur permettait de réduire à l'impuissance lé sénat et le peuple. Curion d'ailleurs n'était pas tin homme ordinaire ; il était éloquent, habile, astucieux, fertile en expédients, et, malgré sa jeunesse, très versé dans l'art de mener une intrigue parlementaire.

---

[1] App., II, 26 ; Dion, 40, 59 ; Suét., 28, Hirtius, *De b. g.*, VIII, 53 ; Cie., *Ad fam.*, VIII, 1, 2, 4. Mommsen commet, à cet égard, une erreur grave (p. 50-51). Il prétend qu'en 51 il s'agissait seulement de désigner les consulaires qui devaient être envoyés en Gaule le 1er mars 49, tandis que Marcellus proposait de remplacer César à l'instant même. Appien l'atteste clairement lorsqu'il dit : εἰσηγεῖτο (Marcellus) δέ ἤδη καὶ διαδόχους αὐτῷ (César) πέμπειν ἐπί τά ἔθνη. Dion n'est pas moins explicite : διαδόχους οἱ (César) ἤδη πρό τοῦ καθήκοντος χρόνου πεμφθῆναι. Enfin Cœlius écrit à Cicéron impatient de quitter la Cilicie, qu'on s'occupera probablement le 1er mars 50 de nommer son successeur et que dès lors il pourra retourner à Rome vers le milieu de l'année (*Ad fam.*, VIII, 9). Depuis l'adoption de la loi Pompeia il n'était plus nécessaire d'observer la règle de la loi Sempronia qui exigeait un intervalle de dix-huit mois au moins entre la nomination des gouverneurs de province et leur entrée en charge.

[2] Cie., *Ad. fam.*, VIII, 5, 3.

[3] Cie., *Ad. fam.*, VIII, 8, 9 ; App., II, 26.

[4] Ce sénatus-consulte est reproduit textuellement dans une lettre de Cælius (*Ad fam.*, VIII, 8). Un autre sénatus-consulte permit aux vétérans de César de demander leur congé au sénat ; c'était, comme le dit Mommsen (*H. R.*, VII, 210), travailler à dissoudre l'armée des Gaules. Plusieurs tribuns opposèrent leur veto à ces deux décrets ; on n'en tint pas compte.

[5] App., II, 26.

[6] Cie., *Ad fam.*, II, 7 ; VIII, 4.

[7] App., II, 26.

[8] Suét., 29 ; Velleius, 20 48 ; App., II, 26.

Son alliance avec César demeura d'abord secrète ; il importait en effet qu'on ignorât le véritable motif de sa défection. Si l'on soupçonnait le marché qu'il avait conclu, il courait risque de perdre toute influence. Il ne tarda pas néanmoins à se détacher ouvertement du sénat. Une proposition émanée de son initiative ayant été repoussée, il affecta de considérer cet échec comme une insulte personnelle, et il rompit avec les républicains[1]. Il n'eut garde pourtant de prendre place aussitôt dans la faction césarienne. Il feignit de vouloir rester en dehors des partis pour se donner les apparences d'une entière impartialité, pensant avec raison que sa parole n'en aurait que plus de poids[2].

Le 1er mars 50, l'affaire des Gaules vint en délibération. Le consul Marcellus, se fondant sur ce fait que le gouvernement de César était à la veille d'expirer, demanda que l'on désignât ses successeurs. Curion appuya cette motion ; mais il ajouta qu'il fallait aussi l'appliquer à Pompée, alléguant que le seul moyen de délivrer la république de tout danger était d'enlever à l'un comme à l'autre leurs commandements militaires. Les Pompéiens se récrièrent ; César était au terme de son proconsulat et la loi exigeait son rappel immédiat, au lieu que Pompée avait encore devant lui six années d'*imperium*, et il était injuste de le dépouiller de ses pouvoirs avant l'heure[3]. Celui-ci néanmoins, pour déjouer la tactique de Curion, fit le désintéressé, et il écrivit au sénat une lettre où il se disait prêt à rentrer dans la vie privée et à abandonner une autorité qu'il n'avait acceptée que pour le bien de l'État. De retour à Rome, il renouvela cette offre en pleine curie, et il ajouta que César sans doute en ferait autant. Mais Curion répliqua qu'il ne devait pas se borner à de vaines promesses, et il le somma, s'il était sincère, de se démettre à l'instant de ses fonctions. Pompée naturellement refusa, et dès lors le tribun ne cessa de le poursuivre de ses attaques, aux applaudissements du peuple, qui admirait son courage et qui parfois l'escortait jusqu'à sa maison en lui jetant des fleurs comme à un athlète vainqueur dans un grand combat[4].

César cependant restait en Gaule, mais Pompée était bien résolu à l'en arracher, même par les armes, avant qu'il fût consul[5]. Déjà il avait donné à entendre qu'au besoin il ne reculerait pas devant la guerre civile[6], et il y était d'autant plus porté que la victoire lui paraissait certaine. On lui disait que César était détesté de ses soldats et il le croyait[7]. Il avait sous les ordres quatre légions, sans compter celles qui étaient en Espagne, et il se figurait que l'Italie entière se lèverait à son appel[8] ; la joie enthousiaste qu'avait provoquée sa récente guérison l'entretenait dans cette illusion[9]. Le dernier terme qu'en lui-même il assignait au proconsulat de César était le milieu de novembre 50[10]. Mais chaque

---

1 Cie., *Ad fam.*, VIII, 6, 5 ; Dion, 40, 62.
2 Dion, 40, 61-62.
3 App., II, 27.
4 App., II, 28.
5 Cie., *Ad fam.*, VIII 11, 3 : *Pompeius valde non vint et plane timet Cæsarem consulem designari priusquam exercitum et provincias tradiderit.* VIII, 14, 2 : *Cn. Pompeius constituit non pati C. Cæsarem consulem aliter fieri nisi exercitum et provincias tradideret, Cæsari autem persuasum est se salvum esse non posse, si ab exercitu recesserit.*
6 *Ad Att.*, VII, 8, 4.
7 App., II, 30.
8 Plut., *Pompée*, 61.
9 Plut., *Pompée*, 61.
10 Cie., *Ad fam.*, VIII, 11, 3 : *Incubuisse cum senatu Pompeius videtur, ut Cæsar Id. novembribus decedat.* Mommsen pense qu'il s'agit là des ides de novembre 49, ce qui

fois qu'on essaya de reprendre cette discussion, Curion arrêta tout par son veto[1]. Un jour pourtant il fut possible de délibérer et de voter. Sur la motion de Marcellus, le sénat décida à une forte majorité que César serait remplacé et que Pompée ne le serait pas. Mais Curion ayant exigé que l'on mit aux voix la question suivante : Pompée et César doivent-ils renoncer ensemble à leurs commandements ? 370 suffrages contre 22 se prononcèrent pour l'affirmative[2]. Ce vote, loin d'être irréfléchi, exprimait fidèlement les sentiments véritables du sénat. Si tous legs républicains redoutaient César, beaucoup parmi eux se défiaient de Pompée. Ils n'ignoraient pas que celui-ci visait comme celui-là à la dictature, et ils craignaient la guerre civile précisément parce qu'elle ne pouvait engendrer que la tyrannie, quel que fût le vainqueur[3]. La lutte n'était pas alors entre la monarchie et la république, mais entre deux ambitions rivales qui tendaient l'une et l'autre à la monarchie. Il ne s'agissait pas de savoir si Rome aurait un maître, mais qui serait le maître[4]. Aux yeux des constitutionnels, il valait mieux assurément que ce fût Pompée, car avec lui l'espoir d'une revanche était toujours permis. Mais n'y avait-il pas moyen d'empêcher qu'une semblable alternative se posât ? et si une occasion se présentait d'annuler à la fois les deux adversaires, n'était-il pas prudent de la saisir ? Les sénateurs saisirent celle qui s'offrit à eux et ils crurent avoir sauvé ainsi la république. Mais leur joie fut de courte durée Pompée n'était pas d'humeur à obéir, et, à vrai dire, il ne le pouvait pas. Ses titres officiels faisaient toute sa puissance, et, s'il les perdait, il n'était plus rien dans Rome. Sans doute César devait imiter son exemple ; mais celui-ci avait le droit de briguer le consulat dès l'année 49, tandis que Pompée eût été condamné à la vie privée jusqu'en 41[5]. La partie n'était donc pas égale entre eux et Pompée refusa d'obtempérer aux ordres du sénat qui n'insista pas,

Vers le mois d'octobre, le bruit se répandit que César avait rappelé quatre légions de la Gaule Transalpine et qu'il les avait postées à Plaisance. Curion

---

n'est guère probable, étant donnée la date de la lettre (juin 50). A moins d'adopter l'opinion fausse de Zumpt, il est difficile d'expliquer pourquoi Pompée fixe au 13 novembre 50 le retour de son rival. Voici à cet égard une conjecture qui parait assez vraisemblable. En 52, le peuple avait autorisé César à briguer le consulat absent. Comme son gouvernement expirait en mars 50, on était fondé à croire qu'il poserait sa candidature aux comices suivants. C'est sans doute à cela qu'Hirtius fait allusion dans le passage du *De bello gallico* (VIII, 39) où il dit qu'en 51 les Gaulois n'attribuaient plus à César qu'une année de séjour en Gaule. En prévision d'une pareille éventualité, Pompée voulait que César quittât sa province et revint à Rome vers le milieu de novembre, un mois et demi avant l'inauguration de son consulat, afin que ses ennemis pussent l'attaquer. On se demandera peut-être pour quel motif il reculait son remplacement jusqu'à une époque si éloignée. La raison en est bien simple : au moment où Cælius écrivait sa lettre César se trouvait à Arras (*De b. g.*, VIII, 46) puisque étant parti rapidement de cette ville pour aller en Italie, il n'arriva dans la Cisalpine qu'après qu'Antoine eut été nominé augure de septembre (*De b. g.*, VIII, 50 ; Cf. Cie., *Ad fam.*, VIII, 12 et 14, et le *Comment. de Paul Manuce*, 593). Or, avant qu'il abandonnât sa province, il fallait voter le décret de rappel, le lui envoyer, et lui laisser un délai d'un mois pour rendre ses comptes en conformité de la loi Julia, sans parler du temps nécessaire pour son voyage de retour.

1 Cie., *Ad fam.*, VIII, 13, 2.

2 App., II, 30.

3 *Ad Att.*, VII, 5, 4 : *Et victoria quum multa mala, tum certè tyrannus exsistet. Ad fam.*, IV, 9, 3 ; IV, 14 ; VI, 4 ; IX, 6 ; Dion, 40, 58.

4 *Ad Att.*, VIII, 11, 2 : *Uterque regnare vult.* X, 7, 1 : *regnandi contentio est.*

5 En vertu de la loi de 342.

affirma que la nouvelle était fausse, et elle l'était réellement. Mais Marcellus affecta de la tenir pour vraie, et il demanda au sénat que l'on prît en hâte des mesures de défense. Le tribun déclara qu'il s'opposait à tout armement extraordinaire et le sénat lui donna raison. Aussitôt le consul s'écria qu'il saurait bien pourvoir seul au salut public, et, son, tant de la ville, il se rendit auprès de Pompée qui campait avec ses soldats dans les environs. Je te somme, lui dit-il, dans l'intérêt de la patrie de marcher contre César et je te permets de lever toutes les troupes qu'il sera nécessaire. Pompée répondit qu'il était prêt à exécuter les ordres des consuls, et il commença ses préparatifs. Curion, dont l'autorité avait pour limite les murs mêmes de Rome, était hors d'état de les entraver : il se consuma quelques jours en vains efforts pour empêcher les enrôlements, et le 10 décembre il s'empressa de rejoindre César à Ravenne[1].

La guerre était désormais inévitable. Plusieurs sénateurs, Cicéron notamment, parlaient encore de conciliation[2] ; mais on ne les écoutait pas. Pompée et ses amis étaient hostiles à toute idée d'accommodement, et dans l'autre camp les esprits n'étaient pas moins surexcités[3]. César comprit qu'au point oh en étaient les choses il fallait brusquer la solution des difficultés pendantes. Il avait sur ses ennemis l'avantage d'avoir sous la main une armée toute prête tandis que les troupes de Pompée étaient dispersées en Italie, en Espagne et en Orient[4]. Il importait de ne pas laisser à celui-ci le temps de les rassembler. Il envoya donc son ultimatum au sénat. Curion, chargé du message, franchit en trois jours les deux cent dix kilomètres qui séparaient Ravenne de Rome et parut dans la curie le 1er janvier 49[5]. Autant qu'on en peut juger d'après les indications fournies par les auteurs, César offrait de renoncer à son commandement si Pompée renonçait au sien ; au cas où cette condition serait repoussée, il demandait qu'on lui laissât jusqu'aux prochains comices, soit la Cisalpine avec deux légions, soit l'Illyrie avec une seule légion[6] ; en somme, il refusait de céder sur le point qui faisait l'objet de tout le débat. Sur les instances des tribuns Marc-Antoine et Q. Cassius, sa lettre fut communiquée au Sénat ; mais le consul Lentulus ne voulut pas mettre aux voix ses propositions ; il craignait une surprise analogue à celle de l'année précédente. Une discussion pourtant s'engagea, et quelques sénateurs ouvrirent des avis modérés. L'un d'eux se prononça pour l'ajournement, un autre opina pour que Pompée se retirât dans sa province d'Espagne. Mais Lentulus leur reprocha vivement leur faiblesse, et dans un discours véhément il conjura le sénat de montrer un courage égal au péril. Son assurance, ses menaces, la terreur qu'inspiraient Pompée et ses soldats entraînèrent les plus timides, et un décret voté précipitamment intima l'ordre à César de licencier son armée et de quitter sa province au jour qu'on lui désignerait ; sinon il serait traité en ennemi public[7]. L'intercession des tribuns n'était valable que s'il s'agissait d'une province

---

1 App., II, 31.

2 Cie., *Ad fam.*, IV, 1, 2, 3 ; VI, 6 ; Ad Att., VII, 5 : *Ego is sum qui illi concedi putem utilius esse quod postulat quam signa conferri.* VII, 6 ; *Phil.*, II, 10.

3 *Ad Att.*, VII, 8, 4 : *Quod quæris ecquæ spes pacificationis sit, quantum ex Pompeii multo et accurato sermone perspexi, ne voluntas quidam est. Ad fam.*, XVI, 12 : *Mirus invaserat furor non solum improbis, sed etiam de qui boni habentur, ut pugnare cuperent.*

4 Mommsen, *H. R.*, VII, 229, 240.

5 App., II, 32 ; *Hist. de César*, II, 505.

6 Dion, 41, 1 ; Suét., 29 ; App., II, 32. D'après Cicéron le ton de la lettre était très amer : *Minces ad senatum et acerbas litteras miserat* (*Ad fam.*, XVI, 11, 2).

7 César, *De b. c.*, I, 1-2 ; Dion, 41, 3 ; Plut., 34.

prétorienne[1] ; néanmoins Marc Antoine et Q. Cassius opposèrent leur veto ; on passa outre, et ils s'enfuirent à Ravenne[2], sans avoir couru les dangers auxquels ils se vantèrent d'avoir échappé[3]. A la nouvelle des mesures adoptées contre lui, César n'hésita pas : il prit ses soldats à témoin de la justice de sa cause, traversa le Rubicon, pénétra en Italie et donna le signal de la guerre qui devait faire de lui le premier empereur romain[4].

---

[1] Cie., *De Prov. cons.*, 7, 17 ; Mommsen suppose (*Die Rechtsfr.*, note 128) que lorsqu'un gouvernement provincial avait été conféré par un plébiscite (et c'était le cas pour César) les tribuns avaient le droit d'intervenir. Cette hypothèse est contredite par le texte même de Cicéron. Dans ce passage, l'orateur parle de deux provinces consulaires, la Syrie et la Macédoine, données à Gabinius et à Pison par un plébiscite (Cf. *Pro Sestio*, 24 ; *in Pis.*, 16) et il déclare que si on les attribue à des préteurs *tribunus intercedere poterit, nunc non potest*. D'ailleurs en 49, les pouvoirs de César étaient depuis longtemps échus et la loi Trébonia avait perdu tout son effet.
[2] App., II, 13 ; César, *De b. c.*, 1, 2 ; Cie., *Phil.*, 11, 21-22.
[3] *Ad fam.*, XVI, 11, 2.
[4] App., II, 35 ; César, *De b. c.*, I, 7-8 ; Plut., 32 ; Suét., 31.

CONCLUSION

Deux faits principaux se dégagent nettement du travail que nous terminons ici.

En ce qui concerne la question de droit, il est certain que dans tout ce débat la stricte légalité fut du côté du sénat. La loi Vatinia avait conféré à César le gouvernement des Gaules pour une période de cinq ans, et la loi Pompeia-Licinia avait prorogé ses pouvoirs pour trois ans. Or, la Constitution voulait que la durée de son commandement fût comptée à partir du jour de l'entrée en charge ; il dut donc commencer à la fin de mars 58 et expirer à la fin de mars 50. Il est vrai qu'une loi spéciale avait dispensé César d'assister en personne aux comices consulaires où il poserait sa candidature, et il prétendait que par cela même le peuple l'avait autorisé à garder la province jusqu'à son élection, qui ne pouvait être antérieure au mois de juillet 49. Mais la loi qu'il invoquait, prise à la lettre, ne contenait rien de pareil ; elle n'avait pas abrogé la loi Pompeia-Licinia ; elle n'avait pas accordé à César une prolongation de pouvoirs, et le sénat était dans son droit en lui donnant un successeur neuf mois après l'échéance officielle de ses fonctions.

Un autre fait ressort du récit de ces événements : c'est la preuve irrécusable que la république était condamnée à une ruine prochaine. Les lois étaient sans force et les magistrats sans prestige. Dans les luttes entre les partis, la corruption et la violence étaient les seules armes en usage. Le peuple, toujours le maître en théorie, n'était plus que le jouet et l'instrument des ambitieux. Le sénat, par un défaut commun à la plupart des assemblées politiques, s'agitait beaucoup et agissait peu ; il était réduit à l'impuissance autant par ses propres divisions que par les manœuvres de ses adversaires, et il n'avait ni assez de décision pour prendre des résolutions énergiques, ni assez d'autorité pour les faire prévaloir. Quelques citoyens honnêtes et modérés, tels que Cicéron, auraient voulu maintenir la république ; mais ils sentaient bien tout ce qu'il y avait de chimérique dans un pareil souhait, et au fond leurs vœux se bornaient à désirer que les formes des vieilles institutions et les apparences de la liberté fussent conservées-. Rome était désormais incapable de se gouverner elle-même, et puisqu'elle était destinée à ne plus s'appartenir, il faut avouer qu'elle ne pouvait tomber en de meilleures mains que celles de César.

FIN DE L'OUVRAGE